Thomas Kalkus-Promitzer

Ich bin auch wichtig!

Selbstfürsorge für Berater:innen

Psychosoziale Impulse: Band 9

Impressum

© 2025 Thomas Kalkus-Promitzer

Covergestaltung:
DI Konrad Promitzer - kpdesign.at

Bibliografische Information der Deutschen Nationalbibliothek:
Die Deutsche Nationalbibliothek verzeichnet diese Publikation
in der Deutschen Nationalbibliografie; detaillierte bibliografische Daten sind im Internet über http://dnb.dnb.de abrufbar.

Verlag: BoD · Books on Demand GmbH, Überseering 33,
22297 Hamburg, bod@bod.de

Druck: Libri Plureos GmbH, Friedensallee 273,
22763 Hamburg

ISBN: 978-3-8192-4612-8

Inhaltsverzeichnis

Schmökern, Stöbern und Innehalten

Dieses Buch ist kein Lehrplan zur Selbstoptimierung. Kein Programm zur Selbstoptimierung. Keine Anleitung zum perfekten Leben. Es ist ein Raum, der sich dir öffnet, still, freundlich und zugewandt. Ein Raum, in dem du dich ausbreiten darfst, wie du bist. Ohne dich beweisen zu müssen. Ohne Zielvorgaben. Ohne Leistungsdruck.

Du musst dieses Buch nicht von Anfang bis Ende lesen. Du darfst die Seiten durchblättern, einzelne Kapitel ansteuern, Passagen überspringen oder zurückkehren zu dem, was dich berührt hat. Du darfst dich verlieren und wiederfinden, dich einlesen und wieder aussteigen, alles in deinem Tempo. Vielleicht liest du heute nur ein paar Zeilen. Vielleicht erst in ein paar Wochen das nächste Kapitel. Auch das ist Selbstfürsorge: Die Freiheit, selbst zu wählen. Selbstfürsorge ist kein weiteres Projekt, das erledigt werden muss. Es ist keine Aufgabe auf deiner Liste, kein Ziel, das du erreichen musst. Selbstfürsorge beginnt dort, wo du innehältst. Wo du dir erlaubst, zu fühlen, was gerade ist. Wo du beginnst, dich selbst ernst zu nehmen, mit allem, was dich ausmacht.

Wenn du in helfenden Berufen unterwegs bist, ob als Berater:in, Therapeut:in, Sozialarbeiter:in, Lehrer:in oder einfach als Mensch mit einem offenen Herzen, dann weißt du, wie schnell man sich selbst dabei verlieren kann. Zwischen Verantwortung und Mitgefühl, zwischen Terminen und Erwartungen bleibt oft wenig Raum für die eigenen Bedürfnisse. Dieses Buch will dich daran erinnern, dass du wichtig bist. Dass du nicht erst erschöpft sein musst, um dir eine Pause zu gönnen.

Die Kapitel in diesem Buch sind kleine Inseln. Manchmal laden sie zum Nachdenken ein, manchmal zum Augenzwinkern. Einige enthalten praktische Impulse für deinen Alltag, andere möchten dir neue Perspektiven eröffnen. Es geht nicht darum, alles umzusetzen oder jeden Gedanken mitzugehen. Nimm dir, was dir guttut. Lass liegen, was du gerade nicht brauchst. Du darfst großzügig mit dir selbst sein.

Vielleicht findest du einen Satz, der dich begleitet. Vielleicht stellt dir ein Abschnitt eine Frage, die in dir nachklingt. Vielleicht merkst du einfach nur: Es ist okay, dass du da bist. Es ist genug. Du bist genug. Lass dieses Buch ein stiller Begleiter sein, wie eine Tasse Tee an einem langen Tag, wie ein gutes Gespräch oder ein Spaziergang im Wald. Es wird dich nicht drängen, aber es wird dich einladen. Immer wieder.

Du bist herzlich willkommen, dich hier zu verlieren und wiederzufinden. Zu blättern, zu stöbern, dich inspirieren zu lassen. Und vielleicht, ganz nebenbei, einen liebevolleren Umgang mit dir selbst zu entdecken.

Mach es dir gemütlich. Lass den Druck draußen. Und dann: lies ein wenig, wenn du magst.

Schön, dass du da bist.

Die helfende Rolle
Geschenk und Risiko zugleich

Du hilfst. Du hörst zu, stärkst, begleitest. Deine Aufgabe besteht darin, andere zu entlasten, Orientierung zu geben und in schwierigen Momenten da zu sein. Das ist eine zutiefst menschliche und wertvolle Tätigkeit. Gleichzeitig liegt genau in dieser Rolle eine der größten Herausforderungen: Während du für andere stark bist, gerätst du selbst manchmal aus dem Blick. Die helfende Rolle verführt leicht dazu, sich selbst zu vergessen. Nicht aus Nachlässigkeit, sondern weil es sich oft so anfühlt, als sei man einfach gebraucht. Und das ist man ja auch. Doch was passiert, wenn das Gebrauchtwerden zur ständigen Verpflichtung wird und das eigene Wohlbefinden auf der Strecke bleibt?

In der psychosozialen Arbeit sind Belastung und emotionale Nähe Teil des Berufsalltags. Das ist per se nichts Schlechtes. Viele von uns haben sich gerade deshalb für diesen Beruf entschieden. Doch genau diese Nähe, diese intensive Begegnung mit anderen, macht es so notwendig, regelmäßig in die eigene Innenwelt zu schauen. Wie geht es mir heute wirklich? Was hat dieses Gespräch gerade in mir ausgelöst? Wann habe ich mir zuletzt erlaubt, Pause zu machen? Solche Fragen geraten schnell in den Hintergrund, wenn der Tag von Terminen durchgetaktet ist und ein Fall den nächsten jagt. Dabei sind sie essenziell für eine gesunde professionelle Haltung.

Selbstfürsorge beginnt nicht mit dem nächsten Wellnesswochenende oder einer geplanten Auszeit. Sie beginnt im

Moment. Im Jetzt. In der Entscheidung, den eigenen Bedürfnissen Raum zu geben. Und das nicht nur in der Theorie, sondern im gelebten Alltag. Viele Berater:innen kennen den Wunsch, sich mehr abzugrenzen, häufiger Nein zu sagen oder auch mal Schwäche zu zeigen. Doch dieser Wunsch scheitert oft an inneren Antreibern, die sagen: „Du musst funktionieren. Du darfst nicht nachlassen. Die anderen brauchen dich." Diese inneren Stimmen mögen einst hilfreich gewesen sein, doch in einem fordernden Beruf können sie schnell zu Stolpersteinen werden.

Ein Blick in die Praxis zeigt: Diejenigen, die sich selbst ernst nehmen, ihre Grenzen kennen und pflegen, sind langfristig die besseren Begleiter:innen. Nicht, weil sie mehr wissen oder besser ausgebildet sind, sondern weil sie mit sich selbst in guter Verbindung stehen. Diese Verbindung zu sich selbst ist die Basis jeder tragfähigen Beziehung zu anderen. Sie ist das Fundament, auf dem empathische, klare und tragfähige Beratung aufgebaut ist. Und sie ist nicht selbstverständlich. Sie braucht Pflege, Aufmerksamkeit und regelmäßige Rückbesinnung.

In der täglichen Arbeit fällt es oft schwer, diese Rückbesinnung einzuplanen. Der Terminkalender ist voll, die Klient:innen stehen vor akuten Herausforderungen, die eigenen Energiereserven sind längst angekratzt. In solchen Momenten ist es besonders wichtig, innezuhalten und zu prüfen: Bin ich gerade noch bei mir? Oder verliere ich mich in den Themen der anderen? Diese Fragen sind keine Zeichen von Schwäche. Sie sind Ausdruck professioneller Reflexion. Denn nur, wer in der Lage ist, sich selbst wahrzunehmen, kann auch andere achtsam begleiten.

Es ist kein Zeichen mangelnder Kompetenz, wenn du dich nach einer intensiven Beratung ausgelaugt fühlst. Es ist ein Zeichen dafür, dass du mitfühlst, dass du dich berühren lässt. Doch genau deshalb brauchst du auch ein gutes Gespür dafür, wann deine eigenen Grenzen erreicht sind. Viele psychosoziale Fachkräfte sind Meister:innen darin, andere zu stabilisieren, ohne selbst ausreichend stabilisiert zu sein. Das ist auf Dauer nicht tragbar. Irgendwann kippt die Balance, und es entsteht ein inneres Ungleichgewicht, das sich nicht mehr so leicht ausgleichen lässt.

Berufliche Identität und persönliche Haltung sind im beratenden Kontext eng miteinander verwoben. Du bist nicht einfach nur Fachkraft, du bringst deine ganze Persönlichkeit mit in den Prozess. Diese persönliche Präsenz macht deine Arbeit so wirkungsvoll. Doch sie macht dich auch verletzlich. Wenn du dich selbst nicht schützt, geht mit der Zeit nicht nur deine Kraft verloren, sondern auch die Freude an deiner Tätigkeit. Deshalb ist es keine Nebensache, sondern eine berufliche Notwendigkeit, gut für dich selbst zu sorgen.

Viele denken bei Selbstfürsorge zuerst an Rückzug, Erholung und Entspannung. Das ist ein wichtiger Teil. Doch Selbstfürsorge beginnt viel früher. Sie beginnt mit der inneren Haltung: Erlaube ich mir, auf mich selbst zu achten? Gestehe ich mir zu, müde zu sein, unkonzentriert, genervt oder erschöpft? Oder bin ich nur dann gut genug, wenn ich stark und präsent bin? Diese Fragen berühren tiefe Ebenen des Selbstbildes und der professionellen Identität. Sie sind unbequem, aber auch heilsam.

Es hilft, sich bewusst zu machen, dass Selbstfürsorge kein Selbstzweck ist. Sie dient der Qualität deiner Arbeit. Sie erhöht deine Wirksamkeit, stärkt deine emotionale Präsenz und schützt dich vor Überforderung. Wer sich selbst ernst nimmt, nimmt auch andere ernst. Wer sich selbst zuhört, hört auch anderen besser zu. Wer in sich ruht, kann andere besser begleiten. All das klingt selbstverständlich, ist es aber in der Realität oft nicht.

Die ständige Präsenz für andere kann zu einer Art innerem Automatismus führen. Du funktionierst. Du bist ansprechbar, aufmerksam, mitfühlend. Doch wenn diese Haltung zur Routine wird, verliert sie ihre Lebendigkeit. Du merkst es vielleicht daran, dass dich manche Themen innerlich nicht mehr erreichen oder dass du dich nach den Sitzungen erschöpft und leer fühlst, obwohl objektiv nichts Schlimmes passiert ist. In solchen Momenten bist du zwar äußerlich anwesend, aber innerlich auf Rückzug. Das ist ein Zeichen, auf das du hören solltest, kein Alarmsignal im klassischen Sinn, sondern eher ein leiser Hinweis, dass es Zeit ist, dich selbst wieder in den Blick zu nehmen.

In Gesprächen mit Kolleg:innen zeigt sich oft, wie schwer es fällt, über das eigene erschöpft sein zu sprechen. In Supervisionen wird es meist erst dann ein Thema, wenn bereits körperliche oder psychische Symptome auftreten. Es gibt eine stille Übereinkunft im psychosozialen Feld, dass die Belastung halt dazu gehört. Das mag bis zu einem gewissen Grad stimmen, doch sie darf nicht zur Normalität werden. Belastung braucht Ausgleich. Sie braucht Raum. Und vor allem braucht sie Sprache. Denn was nicht ausgesprochen wird, kann auch nicht bearbeitet werden.

Der Mythos der unbeirrbaren, stets stabilen Beraterin ist gefährlich. Er führt zu einem Idealbild, das niemand dauerhaft erfüllen kann. Und doch versuchen viele, genau das zu tun. Sie arbeiten über ihre Grenzen hinaus, fangen alles auf, gleichen Schwächen anderer aus, verzichten auf Pausen, verschieben Arzttermine, ignorieren erste Erschöpfungsanzeichen. Nicht, weil sie leichtsinnig sind, sondern weil sie sich in einer tiefen Verpflichtung gegenüber ihren Klient:innen sehen. Diese Loyalität ist bewundernswert, aber sie darf nicht dazu führen, dass du dich selbst aufgibst.

Professionelle Nähe bedeutet, präsent und mitfühlend zu sein, aber auch klar in der Unterscheidung von deinem Gegenüber. Es geht nicht darum, alles mitzuleiden, sondern mitzufühlen und gleichzeitig innerlich stabil zu bleiben. Diese Balance zu halten, ist eine tägliche Herausforderung. Sie gelingt besser, wenn du weißt, wer du bist, was dich stärkt, was dich auslaugt und was du brauchst, um dich innerlich zu regulieren. Selbstfürsorge bedeutet in diesem Sinne, die eigene emotionale Hygiene ernst zu nehmen.

Stell dir vor, du begleitest eine Klientin durch eine schwere Trauerphase. Sie erzählt dir ihre Geschichte, ringt mit den Tränen. Du bleibst ruhig, zugewandt, fragst, hältst Raum. Doch innerlich wirst du berührt, vielleicht erinnert dich ihr Verlust an deine eigene Geschichte, vielleicht spürst du plötzlich eine Enge im Hals oder das Bedürfnis, tief durchzuatmen. Wenn du in diesem Moment deine Reaktion verdrängst, weil es gerade nicht passt, schiebst du deine Gefühle beiseite. Das ist manchmal notwendig, aber nicht dauerhaft tragbar. Was du verdrängst, bleibt in deinem System. Und wenn du dir später keine Zeit nimmst, es zu verarbeiten, wird es dich irgendwann einholen.

Selbstfürsorge heißt nicht, im Gespräch mit Klient:innen über deine Gefühle zu sprechen. Es heißt, nach dem Gespräch innezuhalten. Vielleicht ein paar Minuten für dich zu nehmen, das Fenster zu öffnen, einen Kaffee oder Tee zu trinken, ein paar Notizen zu machen, in Ruhe zu atmen, ein kurzes Gespräch mit einer Kollegin zu führen. Es heißt, dir selbst den Raum zu geben, den du anderen gibst. Es bedeutet, dich nicht zu übergehen.

Ein häufiger Irrtum ist, dass Selbstfürsorge zusätzliche Zeit braucht, die du nicht hast. Natürlich wäre es schön, jeden Tag mit einer Yoga-Einheit zu beginnen und abends in Ruhe zu in einem Tagebuch zu reflektieren. Doch das ist oft nicht realistisch. Was aber realistisch ist: Bewusste Mikroentscheidungen im Alltag. Zum Beispiel, dir wirklich fünf Minuten Pause zu gönnen, statt sie mit E-Mails zu füllen. Oder dir vor einem schwierigen Gespräch zwei tiefe Atemzüge zu erlauben. Oder nach einem belastenden Termin nicht sofort den nächsten zu starten, sondern dich kurz zu dehnen, aufzustehen, frische Luft zu schnappen. Es sind diese kleinen Akte der Fürsorge, die in Summe den Unterschied machen.

Auch in Teams ist Selbstfürsorge oft ein Tabuthema. Es gilt als unprofessionell, Schwäche zu zeigen. Besonders wenn du eine leitende Funktion hast oder als erfahren giltst. Doch gerade dann ist es wichtig, mit gutem Beispiel voranzugehen. Wenn du deine Grenzen klar kommunizierst, dich regelmäßig reflektierst und deine Bedürfnisse ernst nimmst, signalisierst du anderen, dass es erlaubt ist, auf sich selbst zu achten. Du stärkst damit nicht nur dich selbst, sondern auch das gesamte Teamklima.

Ein weiterer Aspekt: Viele psychosoziale Berater:innen sind Soloselbständige. Sie arbeiten in Einzelpraxen, oft isoliert, ohne unmittelbaren kollegialen Austausch. Das erhöht die Gefahr der Überforderung zusätzlich. Hier ist es besonders wichtig, sich aktiv ein Unterstützungsnetzwerk zu schaffen, sei es durch regelmäßige Supervision, Intervision, kollegiale Treffen oder Onlinegruppen. Es geht darum, Räume zu schaffen, in denen du gehört wirst, in denen du deine Erschöpfung zeigen darfst, ohne dich rechtfertigen zu müssen.

Es lohnt sich auch, einen ehrlichen Blick auf deinen Kalender zu werfen. Wie viele Termine pro Woche sind realistisch, ohne dass du dich am Freitag völlig ausgelaugt fühlst? Wie viel Zeit brauchst du, um dich nach schwierigen Gesprächen zu regenerieren? Planst du Übergangszeiten zwischen Terminen ein, oder hetzt du von einem Thema zum nächsten? Selbstfürsorge beginnt bei der Terminplanung. Sie beginnt bei der Erlaubnis, nicht immer verfügbar zu sein. Bei der Entscheidung, dass deine Energie begrenzt ist und du klug mit ihr umgehen möchtest.

Eine gute Methode, um mehr Bewusstheit für deine Selbstfürsorge zu entwickeln, ist das tägliche Check-in mit dir selbst. Frag dich morgens: Was brauche ich heute, um gut durch diesen Tag zu kommen? Und abends: Was hat mir heute Kraft gegeben, was hat mir Energie genommen? Diese einfache Praxis kann dir helfen, Muster zu erkennen und deine Selbstfürsorgestrategien gezielter anzupassen.

Vergiss nicht: Selbstfürsorge ist auch ein Ausdruck von Selbstachtung. Du zeigst dir selbst, dass du wichtig bist. Dass du es dir wert bist, gut mit dir umzugehen. In einem Berufsfeld, das so sehr auf das Wohl anderer fokussiert ist, ist diese Botschaft an dich selbst ein Akt der Selbstermächtigung. Du entscheidest, wie viel Raum du dir gibst. Und du darfst entscheiden, diesen Raum zu vergrößern.

Vielleicht hilft dir das Bild eines leeren Glases: Du kannst nur aus einem vollen Glas schöpfen. Wenn du ständig nur gibst, wird dein Glas irgendwann leer. Dann bist du nicht mehr hilfreich, sondern gefährdet. Selbstfürsorge ist der Akt des Nachfüllens. Immer wieder. Ohne schlechtes Gewissen. Ohne Rechtfertigung. Sondern aus tiefer Einsicht in die Notwendigkeit, dich selbst nicht zu verlieren.

Wenn du heute beginnst, dich selbst ernst zu nehmen, legst du den Grundstein für eine neue Qualität in deiner Arbeit. Du wirst nicht unverwundbar. Aber du wirst bewusster, klarer, achtsamer. Du wirst dir selbst zur verlässlichen Begleiter:in, und das ist die schönste Form der Fürsorge, die du dir schenken kannst.

Reflexionsfragen:

- Welche Rollenbilder prägen mein Selbstverständnis als Berater:in?
- Wie gehe ich mit innerer Erschöpfung um, wenn sie sich zeigt?
- Was ist mir unangenehm, wenn ich über meine eigenen Belastungsgrenzen spreche?
- Wie viel Raum gebe ich mir selbst im beruflichen Alltag?
- Welche kleinen Selbstfürsorgehandlungen könnte ich ab morgen in meinen Tagesablauf integrieren?
- Wie sieht mein Unterstützungsnetzwerk aus, und wo sind Lücken?
- Welche Signale meines Körpers überhöre ich regelmäßig?
- Wie kann ich meine Haltung zur Selbstfürsorge aktiv verändern?

Die helfende Rolle verlangt emotionale Präsenz und gleichzeitig klare Selbstabgrenzung. Wer in der psychosozialen Beratung arbeitet, ist täglich mit dem Leid anderer konfrontiert, und dadurch selbst gefordert. Selbstfürsorge ist kein Bonus, sondern berufliche Notwendigkeit. Sie beginnt mit innerer Haltung, äußert sich in kleinen Alltagsentscheidungen und braucht Sprache, Raum und Bewusstheit. Dieses Kapitel hat gezeigt, dass professionelle Qualität nur aufrechterhalten werden kann, wenn du dir selbst genauso viel Aufmerksamkeit schenkst wie deinen Klient:innen. Du bist nicht nur für andere da. Du bist auch für dich selbst verantwortlich. Und das ist nicht egoistisch, sondern klug und nachhaltig.

Empathie als Ressource und Belastung

Empathie gilt als eine der wichtigsten Fähigkeiten in der psychosozialen Beratung. Sie ermöglicht es, sich tief in die Gefühle, Gedanken und Perspektiven der Klient:innen hineinzuversetzen. Durch diese Fähigkeit entsteht Vertrauen, Nähe und Verständnis, und gleichzeitig wird der Beratungsprozess wirksamer und erfolgreicher. Doch Empathie ist nicht nur eine wertvolle Ressource, sie kann gleichzeitig auch zu einer erheblichen Belastung werden. Wenn Berater:innen übermäßig empathisch reagieren oder sich nicht ausreichend abgrenzen, kann dies negative Auswirkungen auf ihre Gesundheit und ihre berufliche Praxis haben.

Empathie zeigt sich in der Fähigkeit, die Gefühle anderer nicht nur rational zu verstehen, sondern auch emotional nachzuempfinden. Sie bedeutet, sensibel auf emotionale Signale reagieren zu können, um gezielt auf die Bedürfnisse der Klient:innen einzugehen. In der Beratungspraxis ist es oft gerade diese emotionale Verbindung, die Veränderung ermöglicht und Heilung begünstigt. Wenn Klient:innen spüren, dass ihre Erfahrungen und Emotionen auf einer tiefen Ebene verstanden werden, entsteht Vertrauen und das Gefühl, wirklich gehört zu werden.

Gleichzeitig birgt diese enge emotionale Verbindung Risiken. Wenn Berater:innen die emotionalen Zustände ihrer Klient:innen nicht nur wahrnehmen, sondern auch langfristig übernehmen, droht emotionale Überlastung. Gerade bei der Arbeit mit belastenden Themen, wie Traumata, Trauer, Krisen oder Konflikten, ist es nicht immer leicht, sich emotional abzugrenzen. Berater:innen, die stark empathisch sind, neigen dazu, die Sorgen und Ängste ihrer Klient:innen mit nach Hause zu nehmen, was zu einer zunehmenden emotionalen Erschöpfung führen kann.

Besonders gefährdet sind jene, die Schwierigkeiten haben, klare Grenzen zu setzen. Wenn du dich ständig emotional auf andere einlässt, ohne regelmäßig emotional Abstand nehmen zu können, können sich auf Dauer Erschöpfungssymptome zeigen. Diese reichen von Müdigkeit und emotionaler Instabilität bis hin zu schwerwiegenderen Problemen wie Burnout oder Depressionen. Emotionale Erschöpfung zeigt sich oft darin, dass du dich leer und ausgelaugt fühlst, selbst wenn du Pausen machst. Überidentifikation tritt auf, wenn du Schwierigkeiten hast, zwischen deinen eigenen Emotionen und denen deiner Klient:innen zu unterscheiden, wodurch du deren Probleme und Belastungen zunehmend zu deinen eigenen machst. Zynismus wiederum zeigt sich, wenn du anfängst, die Anliegen deiner Klient:innen abzuwerten oder innerlich zu distanzieren, um dich vor weiterer emotionaler Belastung zu schützen. Zudem verringert eine dauerhafte emotionale Überlastung deine professionelle Handlungsfähigkeit, wodurch die Qualität der Beratung leidet.

Empathie sollte idealerweise so dosiert werden, dass du für deine Klient:innen emotional zugänglich bleibst, ohne dich dabei selbst emotional auszuzehren. Um dies zu erreichen, benötigst du eine bewusste Wahrnehmung deiner eigenen emotionalen Grenzen. Dabei hilft es, sich bewusst zu machen, dass deine Rolle darin besteht, zu begleiten, nicht aber darin, das Leid deiner Klient:innen vollständig auf dich zu nehmen. Du unterstützt und ermöglichst Veränderung, doch die Verantwortung für die emotionale Situation deiner Klient:innen bleibt letztlich bei ihnen. Diese Haltung schützt dich davor, emotional übermäßig belastet zu werden und schafft eine gesunde Distanz, die gleichzeitig empathisch und professionell ist.

Eine bewusste Reflexion und Praxis hilft dir dabei, Empathie gezielt einzusetzen. Hilfreich sind klare Rituale, die dir ermöglichen, die Gefühle deiner Klient:innen nach Beratungsgesprächen bewusst loszulassen. Dies können kurze Atemübungen sein, bei denen du bewusst ein- und ausatmest und dabei innerlich loslässt, was emotional nicht zu dir gehört. Auch kleine Bewegungsrituale, etwa ein kurzer Spaziergang nach jeder Beratungseinheit, helfen dir, körperlich und emotional zu entladen. Eine bewusste Gestaltung deines Arbeitsalltages, beispielsweise durch Pausen zwischen den Terminen, unterstützt dich dabei, regelmäßig Abstand zu gewinnen und emotional frisch zu bleiben.

Ein weiterer wichtiger Ansatz ist die regelmäßige Selbstreflexion. Es kann hilfreich sein, sich nach Beratungen zu fragen, welche emotionalen Anteile du übernommen hast und warum dir dies möglicherweise schwerfällt, loszulassen. Es lohnt sich, genauer hinzuschauen, ob du Muster erkennen kannst, etwa bei bestimmten Themen oder Klient:innen-Gruppen. Durch diese bewusste Reflexion lernst du, deine emotionalen Reaktionen besser zu steuern und gezielter einzusetzen. Regelmäßige Supervision oder kollegialer Austausch können dabei ebenfalls

hilfreich sein, da sie eine externe Perspektive ermöglichen und dich dabei unterstützen, deine Selbstwahrnehmung zu verbessern.

Langfristig ist es wichtig, deine empathische Fähigkeit bewusst zu pflegen und gleichzeitig klar abzugrenzen. Empathie als Ressource einzusetzen bedeutet, sich bewusst
auf andere einzulassen und gleichzeitig die Fähigkeit zu
bewahren, sich auch wieder zurückzuziehen. Eine stabile
innere Haltung, regelmäßige Reflexionsphasen und bewusste Selbstfürsorge ermöglichen dir, diese wertvolle
Fähigkeit gesund und nachhaltig zu nutzen. Empathie
wird dadurch zu einer Kraftquelle für deine berufliche und
persönliche Entwicklung, statt zu einer Belastung.

Reflexionsfragen:

- Wann empfinde ich meine empathische Fähigkeit
  als besonders hilfreich?
- Welche Situationen führen bei mir am häufigsten zu
  emotionaler Überlastung?
- Wie gelingt es mir, nach intensiven Gesprächen
  emotional wieder Abstand zu gewinnen?
- Was könnte ich tun, um meine emotionalen Gren-
  zen bewusster wahrzunehmen?
- In welchen Bereichen der Beratung fällt es mir be-
  sonders schwer, mich emotional abzugrenzen?
- Welche Techniken oder Rituale helfen mir bereits
  jetzt, Empathie bewusst einzusetzen?
- Wie möchte ich meine Fähigkeit zur emotionalen
  Abgrenzung künftig gezielt stärken?

Empathie ist für psychosoziale Berater:innen eine essenzielle Ressource, die Vertrauen und Veränderung ermöglicht. Gleichzeitig birgt sie das Risiko emotionaler Überlastung, wenn Grenzen nicht bewusst gesetzt und eingehalten werden. Ein professioneller Umgang mit Empathie erfordert bewusste Reflexion, gezielte Abgrenzung und den regelmäßigen Einsatz emotional regulierender Techniken. Nur so kann Empathie langfristig als Stärke wirken, ohne zu einer Belastung zu werden.

Das Helfersyndrom und seine Schattenseiten

Menschen, die in helfenden Berufen tätig sind, entscheiden sich häufig aus einer tiefen inneren Motivation heraus für diesen Weg. Sie wollen etwas Sinnvolles tun, anderen beistehen und einen Beitrag leisten. Diese Haltung ist eine wertvolle Ressource. Doch sie birgt auch Risiken. Besonders dann, wenn das Bedürfnis zu helfen weniger aus einem freien, bewussten Entschluss, sondern eher aus einem inneren Zwang heraus erfolgt. In solchen Fällen sprechen wir vom sogenannten "Helfersyndrom". Dieser Begriff beschreibt ein psychodynamisches Muster, das sich durch ein übersteigertes Bedürfnis zu helfen, mangelnde Abgrenzungsfähigkeit und eine ungesunde Selbstaufopferung kennzeichnet.

Das Helfersyndrom ist kein offiziell anerkanntes Krankheitsbild, aber es beschreibt ein in der psychosozialen Praxis weit verbreitetes Verhalten. Es äußert sich unter anderem darin, dass Menschen ständig bereitstehen, helfen wollen, auch wenn sie selbst am Limit sind. Sie können schlecht Nein sagen, übernehmen überdurchschnittlich viel Verantwortung und neigen dazu, ihre eigenen Bedürfnisse zu vernachlässigen. Oftmals fühlen sie sich nur dann wertvoll, wenn sie gebraucht werden. Die Rolle der Helfer:in wird zur zentralen Identität.

Diese Haltung kann zunächst mit Anerkennung, Lob und Wertschätzung belohnt werden. Doch langfristig wird sie zur Belastung. Wer sich ständig für andere aufopfert, läuft Gefahr, sich selbst zu verlieren. Die Grenzen zwischen beruflicher Rolle und persönlichem Wert verschwimmen.

Die Erschöpfung nimmt zu, die Freude an der Arbeit schwindet. Gleichzeitig fällt es schwer, die eigenen Muster zu hinterfragen, weil das Bild der selbstlosen Helfer:in gesellschaftlich und im Arbeitsumfeld häufig positiv bewertet wird. Doch genau darin liegt die Gefahr. Wer sich über das Helfen definiert, kann schwer loslassen und riskiert, sich selbst zu überfordern.

Ein zentrales Kennzeichen des Helfersyndroms ist die mangelnde Fähigkeit zur Selbstfürsorge. Die eigenen Bedürfnisse werden als weniger wichtig eingestuft oder gar ignoriert. Stattdessen wird Energie in die Bedürfnisse anderer investiert. Pausen erscheinen egoistisch, Grenzen werden nicht wahrgenommen oder bewusst überschritten. Diese Haltung führt über kurz oder lang zu einer tiefen Erschöpfung. Hinzu kommt häufig das Gefühl, nicht gesehen oder unterstützt zu werden. Die Helfer:in fühlt sich irgendwann alleingelassen, ausgelaugt und innerlich leer.

Ein weiteres Risiko besteht darin, dass die Hilfe nicht mehr aus echter Zuwendung, sondern aus einem inneren Druck heraus erfolgt. Man hilft nicht, weil man helfen möchte, sondern weil man sich verpflichtet fühlt. Dahinter steckt oft ein unbewusster Wunsch nach Bestätigung, Zugehörigkeit oder Kontrolle. Die Beziehung zu den Klient:innen wird dadurch asymmetrisch. Anstatt auf Augenhöhe zu begegnen, entsteht ein Ungleichgewicht. Die Helfer:in braucht das Gegenüber, um sich selbst als wichtig und richtig zu erleben. Das kann langfristig zu Abhängigkeitsdynamiken führen, die für beide Seiten ungesund sind.

Wer vom Helfersyndrom betroffen ist, erkennt sich häufig in bestimmten Gedankenmustern wieder. Zum Beispiel in dem Gefühl, unersetzlich zu sein, alles allein tragen zu müssen oder immer für andere verfügbar sein zu müssen. Diese Überzeugungen sind tief verankert und entstehen oft aus biografischen Erfahrungen. Vielleicht hast du in deiner Kindheit früh gelernt, Verantwortung zu übernehmen, dich anzupassen oder für das Wohlergehen anderer zuständig zu sein. Solche Prägungen wirken im Erwachsenenalter weiter und beeinflussen unbewusst das berufliche Handeln.

Manchmal ist das Helfersyndrom auch mit einem ausgeprägten Schuldgefühl verbunden. Die Vorstellung, nicht zu helfen, ruft innere Unruhe oder ein schlechtes Gewissen hervor. Du fühlst dich verantwortlich, auch wenn es objektiv nicht deine Aufgabe wäre. Das kann sich darin äußern, dass du über deine eigenen Kapazitäten hinausgehst, selbst dann, wenn du bereits deutliche Warnsignale deines Körpers oder deiner Psyche spürst. Diese Selbstüberforderung wird häufig nicht als solche erkannt, weil sie sich unter dem Deckmantel von Hilfsbereitschaft verbirgt.

Auch auf Beziehungsebene kann das Helfersyndrom problematisch werden. Wer in der Rolle der ständigen Gebenden bleibt, lässt anderen wenig Raum, eigene Verantwortung zu übernehmen. Es entsteht eine Einseitigkeit, in der die Balance zwischen Geben und Nehmen verloren geht. Klient:innen, aber auch Kolleg:innen oder Partner:innen können sich daran gewöhnen, dass du immer zur Verfügung stehst. Gleichzeitig entsteht ein unausgesprochenes Erwartungsgefüge, aus dem es schwer ist, auszubrechen. Wenn du dann beginnst, dich zurückzuziehen oder Grenzen zu setzen, wird dies nicht selten mit Unverständnis oder sogar Ablehnung quittiert.

Ein weiteres Anzeichen für ein ausgeprägtes Helfersyndrom ist der Verlust der eigenen Interessen. Freizeitaktivitäten, Hobbys und soziale Kontakte werden vernachlässigt, weil sie als weniger wichtig empfunden werden. Alles dreht sich um das Wohl der anderen. Doch genau dieser Rückzug aus dem eigenen Leben verstärkt die emotionale Erschöpfung. Die innere Welt wird enger, der Alltag von Pflicht und Funktionalität bestimmt. Spätestens wenn du das Gefühl hast, dich selbst nicht mehr zu spüren, ist es Zeit, innezuhalten und deine Muster zu hinterfragen.

Der Weg aus dem Helfersyndrom beginnt mit einer ehrlichen Bestandsaufnahme. Wie sehr ist dein Selbstwert an deine Hilfsbereitschaft geknüpft? Welche inneren Antreiber bestimmen dein Handeln? Was würdest du verlieren, wenn du weniger hilfst? Solche Fragen sind nicht leicht zu beantworten, doch sie bringen dich in Kontakt mit dem, was hinter dem scheinbar selbstlosen Verhalten liegt. Es geht nicht darum, das Helfen grundsätzlich infrage zu stellen, sondern es aus einer neuen inneren Haltung heraus zu leben.

Dabei ist es hilfreich, dir selbst dieselbe Fürsorge entgegenzubringen, die du anderen gibst. Nimm dir regelmäßig Zeit für dich. Höre auf deine Bedürfnisse. Erlaube dir Pausen, auch wenn es gerade viel zu tun gibt. Sprich mit Kolleg:innen über deine Erfahrungen. Suche dir Unterstützung, wenn du merkst, dass du an deine Grenzen kommst.

Und vor allem: Übe dich im Nein-Sagen. Ein achtsames Nein ist oft das ehrlichste Ja zu dir selbst.

Langfristig wirst du feststellen, dass deine Fähigkeit zu helfen nicht kleiner wird, wenn du gut für dich sorgst, ganz im Gegenteil. Du wirst klarer, präsenter und wirksamer. Du wirst deine Rolle bewusster gestalten und Beziehungen auf Augenhöhe pflegen. Das Helfersyndrom verliert an Macht, wenn du erkennst, dass du wertvoll bist, unabhängig von deiner Leistung für andere. Erst dann wird das Helfen zu einer freien, bewussten Entscheidung, getragen von innerer Stabilität und echter Verbundenheit.

Reflexionsfragen:

- In welchen Situationen fällt es mir besonders schwer, Nein zu sagen?
- Habe ich manchmal das Gefühl, nur dann wertvoll zu sein, wenn ich gebraucht werde?
- Wie gut gelingt es mir, meine eigenen Bedürfnisse wahrzunehmen und zu achten?
- Welche Gedankenmuster treiben mein Helfen an?
- Wo überschreite ich meine eigenen Grenzen, obwohl ich es merke?
- Was würde sich verändern, wenn ich das Bedürfnis zu helfen loslassen könnte?
- Welche konkreten Schritte kann ich setzen, um fürsorglicher mit mir selbst umzugehen?
- Welche Rolle spielt Schuld in meinem Helferverhalten?

Das Helfersyndrom beschreibt ein übersteigertes Bedürfnis zu helfen, das auf Dauer zu Erschöpfung, Rollenkonflikten und ungesunden Beziehungsmustern führen kann. Es ist Ausdruck tiefer innerer Muster und biografischer Prägungen. Wer sich selbst nur über das Helfen definiert, verliert leicht den Zugang zu den eigenen Bedürfnissen. Der Weg zu einer gesunden Form des Helfens führt über Selbstwahrnehmung, Selbstfürsorge und das bewusste Setzen von Grenzen. Nur wer gut für sich sorgt, kann auch dauerhaft gut für andere da sein. Gesundes Helfen basiert nicht auf Selbstverleugnung, sondern auf innerer Klarheit, realistischer Selbsteinschätzung und dem Mut, auch einmal loszulassen.

Grenzen zwischen Beruf und Person

Wer im psychosozialen Bereich arbeitet, ist mit vielfältigen Anforderungen konfrontiert, die weit über fachliches Know-how hinausgehen. Neben methodischer Kompetenz braucht es vor allem eine stabile Persönlichkeit, ein gutes Maß an Selbstreflexion und die Fähigkeit, Nähe und Distanz bewusst zu gestalten. Die Arbeit mit Menschen, die sich in schwierigen Lebenssituationen befinden, fordert nicht nur fachlich, sondern auch emotional. Deshalb ist es entscheidend, die eigenen beruflichen Aufgaben klar von der privaten Person zu unterscheiden. Diese Unterscheidung schützt vor Überforderung und ist zugleich eine wichtige Grundlage professioneller Arbeit.

Gerade in helfenden Berufen kann die Grenze zwischen Rolle und Identität leicht verschwimmen. Wenn du dich stark mit deinem Beruf identifizierst, deine Aufgabe als Berufung empfindest und aus tiefster Überzeugung hilfst, kann es geschehen, dass deine berufliche Rolle mit deiner Person verschmilzt. Du bist dann nicht nur Berater:in, Therapeut:in oder Coach, sondern fühlst dich in jeder Lebenslage für das Wohl anderer verantwortlich. Diese Haltung ist nachvollziehbar und häufig aus einer hohen ethischen Motivation gespeist. Doch sie kann auch zur Falle werden.

Wenn die Grenzen zwischen Beruf und Person unscharf werden, schleichen sich allmählich problematische Muster ein. Du denkst ständig an deine Klient:innen, auch nach Feierabend. Du prüfst am Wochenende deine Mails, denkst im Urlaub über Fälle nach und hast ein schlechtes

Gewissen, wenn du einmal nicht erreichbar bist. Deine privaten Beziehungen beginnen darunter zu leiden, weil du gedanklich oft abwesend bist. Gleichzeitig kann es passieren, dass du dich über deine berufliche Rolle definierst und deinen Selbstwert daraus beziehst, wie erfolgreich du anderen helfen konntest. Diese Art der Identifikation wirkt anfangs sinnstiftend, führt aber auf Dauer zu einer emotionalen Abhängigkeit von beruflicher Wirksamkeit.

Eine weitere Herausforderung entsteht, wenn private Werte und berufliche Anforderungen in Konflikt geraten. Vielleicht willst du allen Menschen gerecht werden, niemanden enttäuschen oder immer empathisch bleiben. Doch nicht jede berufliche Situation erlaubt eine harmonische Lösung. Klient:innen können enttäuscht, aggressiv oder ablehnend reagieren. Manchmal musst du Entscheidungen treffen, die unangenehm sind oder Ablehnung erzeugen. Wenn du dann als Person betroffen bist, nicht nur als Rolle, entsteht innerer Stress. Umso wichtiger ist es, eine innere Grenze zu entwickeln: Was ist mein Auftrag als Berater:in? Und was ist meine persönliche Haltung, meine emotionale Reaktion, mein privates Bedürfnis?

Professionelle Haltung bedeutet, dass du dich mit ganzem Herzen engagierst, ohne dich selbst zu verlieren. Du bringst deine Persönlichkeit ein, ohne dich mit deiner Funktion zu verwechseln. Du bist empathisch, ohne dich mit den Gefühlen deiner Klient:innen zu identifizieren. Diese Balance ist nicht immer einfach, aber sie ist lernbar. Es braucht Zeit, Übung und regelmäßige Selbstreflexion. Du darfst dich fragen: Welche Rollen nehme ich bewusst ein? Wann bin ich in meiner beruflichen Rolle, und wann spreche ich als private Person? Welche Reaktionen gehören zu mir, und welche sind Teil meiner Funktion?

Um klare Grenzen zu wahren, brauchst du Rituale, die dir helfen, zwischen den Welten zu wechseln. Das kann ein bewusster Abschied vom Arbeitsplatz sein, das Umziehen in Freizeitkleidung nach der Arbeit oder ein kurzer Moment der Stille vor dem Nachhauseweg. Auch schriftliche Reflexionen helfen, das Erlebte beruflich zu verarbeiten und nicht mit nach Hause zu nehmen. Wichtig ist, dass du dir selbst erlaubst, auch einmal nicht im Dienst zu sein. Du bist nicht weniger professionell, wenn du dein Handy ausschaltest, ein Wochenende offline verbringst oder deinen Urlaub wirklich zur Erholung nutzt. Im Gegenteil: Deine Erholungsphasen sind Voraussetzung dafür, dass du langfristig wirksam bleiben kannst.

Die Arbeit mit Menschen lebt von Beziehung. Doch Beziehung braucht klare Konturen und einen Rahmen, der trägt. Klient:innen profitieren nicht davon, wenn du dich aufopferst oder ständig verfügbar bist. Sie profitieren von deiner Klarheit, deiner inneren Stabilität und deiner Fähigkeit, Grenzen zu wahren. Indem du dich selbst schützt, schützt du auch die Beziehung. Es geht nicht darum, distanziert oder kühl zu sein. Es geht darum, verantwortlich mit deiner Energie, deinem Mitgefühl und deiner Zeit umzugehen.

Grenzen zwischen Beruf und Person zu ziehen, bedeutet auch, sich selbst ernst zu nehmen. Du bist mehr als deine berufliche Funktion. Du hast ein eigenes Leben, eigene Bedürfnisse, eigene Werte. Wenn du lernst, dich als ganze Person wahrzunehmen und zu achten, wirst du auch in deiner beruflichen Rolle sicherer, klarer und authentischer wirken. Du darfst beides sein: professionell und persönlich. Doch beides braucht seinen Raum und seine Zeit.

Reflexionsfragen:

- In welchen Situationen fällt es mir schwer, berufliche und private Rollen zu trennen?
- Wie merke ich, dass ich berufliche Themen mit nach Hause nehme?
- Was hilft mir, nach der Arbeit innerlich abzuschalten?
- Wo überschreite ich meine beruflichen Grenzen aus persönlichen Motiven?
- Wie kann ich mich in belastenden beruflichen Situationen selbst schützen?
- Welche Rituale oder Strukturen helfen mir beim Rollenwechsel?
- Welche Vorstellungen habe ich über meine berufliche Identität – und wie beeinflussen sie meinen Alltag?

Klare Grenzen zwischen Beruf und Person zu ziehen, ist eine grundlegende Voraussetzung für professionelle psychosoziale Arbeit. Wer sich zu stark mit seiner beruflichen Rolle identifiziert, riskiert emotionale Überlastung, Rollenkonflikte und ein Ungleichgewicht zwischen Engagement und Selbstfürsorge. Professionell zu handeln bedeutet, die eigene Person nicht zu verleugnen, sondern bewusst zu integrieren, mit gesunden Grenzen, klarer Haltung und Raum für das eigene Leben.

Was Selbstfürsorge wirklich bedeutet

Selbstfürsorge ist mittlerweile ein Begriff, der häufig verwendet und oft missverstanden wird. Viele setzen ihn gleich mit Wellness, gelegentlichen Auszeiten oder angenehmen Ritualen wie Massagen und Spa-Besuchen. Diese Dinge können selbstverständlich hilfreich sein, aber echte Selbstfürsorge umfasst viel mehr und reicht deutlich tiefer. Vor allem im Bereich der psychosozialen Beratung ist Selbstfürsorge keine Option, sondern eine Notwendigkeit. Sie bedeutet, aktiv Verantwortung für die eigene körperliche, psychische und emotionale Gesundheit zu übernehmen und langfristig ein Gleichgewicht zwischen Beruf und Privatleben herzustellen.

Gerade in beratenden Berufen passiert es häufig, dass die eigenen Bedürfnisse auf Dauer zurückgestellt werden. Dies geschieht meist nicht absichtlich, sondern unbewusst aus einem tiefen Verantwortungsgefühl heraus. Berater:innen, die ständig mit den Sorgen und Nöten anderer konfrontiert sind, neigen dazu, ihre Grenzen schleichend zu überschreiten. Sie fühlen sich verpflichtet, ständig präsent und erreichbar zu sein und verlernen dabei oft, auf ihre eigenen inneren Signale zu achten. Dies führt auf Dauer nicht nur zu Erschöpfung, sondern auch zu einer verminderten Qualität der eigenen Arbeit.

Selbstfürsorge beginnt damit, bewusst wahrzunehmen, wie es dir geht. Das klingt einfach, doch in der Realität zeigt sich, dass viele Fachkräfte ihre eigenen Bedürfnisse kaum noch wahrnehmen. Sie haben gelernt, die eigenen Gefühle und Empfindungen zu übergehen, weil es scheinbar dringlichere Aufgaben gibt. Diese Haltung mag kurzfristig funktionieren, führt jedoch langfristig zu innerer Erschöpfung und emotionaler Abstumpfung. Daher ist es essenziell, regelmäßig innezuhalten und bewusst zu reflektieren, wie es um dein eigenes Befinden steht. Ein regelmäßiges, vielleicht tägliches Check-in mit dir selbst, bei dem du kurz innehältst und fragst: „Wie fühle ich mich gerade wirklich?", kann helfen, diese wichtige Verbindung wiederherzustellen.

Ein wichtiger Bestandteil der Selbstfürsorge besteht darin, klare Grenzen zu setzen. Für viele Berater:innen bedeutet dies eine besondere Herausforderung, weil es im Berufsfeld häufig um Offenheit, Nähe und Einfühlungsvermögen geht. Grenzen zu setzen könnte zunächst als unprofessionell oder kalt empfunden werden. Tatsächlich ist das Gegenteil der Fall. Nur wer in der Lage ist, gesunde Grenzen zu setzen, kann auf Dauer emotional verfügbar und professionell bleiben. Grenzen zu setzen heißt, klar zu kommunizieren, welche Aufgaben übernommen werden können, wie viel Zeit zur Verfügung steht und welche Situationen zu belastend sind.

Ein weiterer zentraler Aspekt der Selbstfürsorge betrifft die innere Haltung und den Umgang mit sich selbst. Gerade in psychosozialen Berufen ist die Erwartungshaltung oft sehr hoch. Es besteht ein hoher Anspruch an Perfektion, Fehlerfreiheit und ständige Verfügbarkeit. Diese Erwartungen erzeugen immensen inneren Druck. Ein bewusster und liebevoller Umgang mit sich selbst bedeutet auch, Fehler und Unvollkommenheiten zu akzeptieren und sich selbst gegenüber Mitgefühl zu entwickeln. Es geht darum, die eigene Verletzlichkeit nicht als Schwäche zu betrachten, sondern als menschlichen Teil der eigenen Persönlichkeit. Indem du deine Grenzen akzeptierst und respektierst, nimmst du Druck von dir selbst und schaffst Raum für Regeneration und Wachstum.

Selbstfürsorge verlangt außerdem, sich bewusst Zeit für regelmäßige Reflexion zu nehmen. Gerade in intensiven beruflichen Phasen neigen viele dazu, Reflexion als Zeitverschwendung abzutun oder ständig aufzuschieben. Doch gerade diese Momente des Innehaltens ermöglichen es dir, Klarheit über deine Situation, deine Bedürfnisse und deine Ziele zu gewinnen. Hierfür können Reflexionstagebücher hilfreich sein, in denen du deine Erfahrungen, Gedanken und Gefühle regelmäßig notierst. Supervision und kollegialer Austausch bieten zusätzliche wichtige Räume, um berufliche Herausforderungen zu reflektieren und emotionale Belastungen abzubauen.

Ein weiterer oft unterschätzter Bereich der Selbstfürsorge liegt darin, körperliche Bedürfnisse ernst zu nehmen. Der Körper ist der ehrlichste Indikator dafür, wie es dir wirklich geht. Symptome wie Müdigkeit, Kopfschmerzen, Verspannungen oder Schlafstörungen sind ernstzunehmende Signale. Hier ist es wichtig, aktiv gegenzusteuern, indem du regelmäßige Pausen einlegst, körperliche Bewegung in deinen Alltag integrierst und dir bewusst Zeit für Erholung und Regeneration nimmst. Körperliche Aktivität und bewusste Ernährung sind ebenso zentrale Faktoren für nachhaltige Selbstfürsorge, da sie unmittelbar auf dein emotionales und psychisches Wohlbefinden einwirken.

Schließlich bedeutet echte Selbstfürsorge, aktiv Prioritäten zu setzen. Du kannst nicht alles gleichzeitig und gleichermaßen gut erledigen. Es ist entscheidend, bewusst auszuwählen, welche Aufgaben wirklich wichtig sind und welche delegiert oder auch losgelassen werden können. Gerade in beratenden Berufen ist das Setzen von Prioritäten eine Herausforderung, da alles irgendwie wichtig erscheint. Doch es geht darum, deine Zeit und Energie effektiv einzusetzen und langfristig Überlastung vorzubeugen.

Reflexionsfragen:

- Wie bewusst nehme ich derzeit meine eigenen Bedürfnisse wahr?
- Welche Grenzen habe ich in letzter Zeit möglicherweise ignoriert?
- Was fällt mir beim Grenzen setzen besonders schwer?
- Wie könnte ich regelmäßige Selbstreflexion konkret in meinen Alltag integrieren?
- In welchen Situationen setze ich mich selbst unter Druck, perfekt sein zu müssen?
- Welche körperlichen Signale ignoriere ich regelmäßig und wie könnte ich sie besser beachten?
- Welche Prioritäten möchte ich künftig bewusst setzen, um Überlastung vorzubeugen?

Selbstfürsorge umfasst bewusste Wahrnehmung, Grenzsetzung, liebevollen Umgang mit sich selbst, regelmäßige Reflexion, achtsame körperliche Pflege und bewusstes Priorisieren im Alltag. Sie ist Grundlage langfristiger Gesundheit, Zufriedenheit und beruflicher Erfüllung.

Abgrenzung zu Wellness und Selbstoptimierung

Die Themen Selbstfürsorge und Resilienz sind in den letzten Jahren zunehmend in den gesellschaftlichen Diskurs gerückt. In sozialen Medien, Lifestyle-Magazinen und Ratgebern finden sich unzählige Tipps zur Selbstfürsorge, oft verbunden mit Bildern von duftenden Bädern, Yogasessions bei Sonnenuntergang oder Smoothies in perfekt inszenierten Küchen. Gleichzeitig erlebt die Idee der Selbstoptimierung einen regelrechten Boom. Es scheint, als gäbe es für jede Lebenslage eine Methode, die verspricht, das eigene Potenzial noch besser auszuschöpfen, produktiver, gesünder und erfolgreicher zu werden. Diese Entwicklungen sind nicht per se problematisch. Doch sie werfen Fragen auf, die für psychosoziale Fachkräfte von besonderer Bedeutung sind: Wo endet sinnvolle Selbstfürsorge, und wo beginnt ein neuer Leistungsdruck unter dem Deckmantel der Selbstoptimierung? Und wie können wir Selbstfürsorge von konsumorientierter Wellness klar unterscheiden?

Für viele Menschen, auch im psychosozialen Feld, liegt hier eine große Verunsicherung. Der Begriff Selbstfürsorge wird heute inflationär verwendet und oft entleert. Was ursprünglich eine Einladung zu einem achtsamen, mitfühlenden Umgang mit sich selbst war, wird in der öffentlichen Darstellung zunehmend kommerzialisiert und individualisiert. Selbstfürsorge wird dann zu einer Lifestyle-Entscheidung, zu einem Konsumprodukt, das durch äußere Angebote angeblich erfüllt werden kann. Doch echte Selbstfürsorge ist keine Frage von Kerzen, Cremes oder Wochenendseminaren. Sie ist eine Haltung, und sie beginnt dort, wo du bereit bist, ehrlich hinzusehen: auf deine Belastungen, deine Grenzen, deine Bedürfnisse.

Diese Unterscheidung ist gerade für Menschen in helfenden Berufen essenziell. Denn wer glaubt, Selbstfürsorge sei etwas, das man sich abends in Form eines Schaumbades gönnt, übersieht die eigentliche Herausforderung: nachhaltige Selbstfürsorge bedeutet, Verantwortung für das eigene Wohlbefinden zu übernehmen – nicht nur punktuell, sondern im Alltag, im Umgang mit anderen, in der Organisation der Arbeit, im Kontakt mit sich selbst. Sie hat nichts mit Egoismus zu tun, sondern mit innerer Klarheit. Und sie ist oft unbequem. Während die Wellness-Idee angenehme Bilder von Entspannung suggeriert, fordert echte Selbstfürsorge manchmal Entscheidungen, Abgrenzung und bewussten Verzicht.

Auch die Idee der Selbstoptimierung kann problematisch sein, wenn sie mit dem Ziel betrieben wird, ständig besser, schneller oder effizienter zu werden. Wer Selbstfürsorge mit Selbstoptimierung verwechselt, läuft Gefahr, sich unter dem Deckmantel der Gesundheit weiter auszubeuten. Statt innezuhalten, wird geplant. Statt Ruhe, neue Routinen. Statt Akzeptanz, neue To-do-Listen. Natürlich ist persönliche Entwicklung wichtig und bereichernd. Aber sie braucht ein Fundament der Selbstakzeptanz. Wenn das Streben nach Optimierung aus einem Gefühl des Mangels oder der Unzulänglichkeit heraus geschieht, untergräbt es genau das, was Selbstfürsorge eigentlich stärken soll: deine innere Stabilität und dein Vertrauen in dich selbst.

Die psychosoziale Praxis erfordert eine klare Haltung zu diesen Themen. Klient:innen begegnen heute einem medial geprägten Selbstbild, das oft nicht realistisch ist. Als Fachkraft kannst du mit deiner Haltung einen Gegenpol setzen: indem du vermittelst, dass Selbstfürsorge nicht mit Konsum zu tun hat, sondern mit Achtsamkeit, Verantwortung und Selbstrespekt. Indem du deutlich machst, dass nicht jede Pause eine Performance sein muss, nicht jedes Ritual ein Schritt auf der Erfolgsleiter. Und vor allem, indem du vorlebst, dass es in Ordnung ist, nicht perfekt zu funktionieren.

Ein weiteres Risiko liegt in der Moralisierung. In vielen Diskursen wird Selbstfürsorge zur Pflicht, zur individuellen Verantwortung in einem System, das strukturell überfordert. Wer erschöpft ist, hat scheinbar nicht genug meditiert, zu wenig Atemübungen gemacht oder seine Morgenroutine nicht optimiert. Diese Logik entlastet nicht, sondern verstärkt den Druck. Sie übersieht gesellschaftliche Rahmenbedingungen, strukturelle Belastungen und die Realität des psychosozialen Alltags. Echte Selbstfürsorge anerkennt, dass Erschöpfung nicht immer vermeidbar ist. Dass sie oft Folge eines Systems ist, in dem zu viele Aufgaben auf zu wenige Schultern verteilt sind. Dass auch gesunde Menschen an ihre Grenzen kommen dürfen. Für psychosoziale Fachkräfte ist es daher notwendig, eine reflektierte Abgrenzung zu gängigen Wellness- und Optimierungsidealen zu entwickeln. Diese beginnt mit der Sprache: Welche Worte verwendest du, wenn du über Selbstfürsorge sprichst? Sprichst du von Balance, von Integration, von Fürsorglichkeit? Oder von Zielerreichung, Routinen, Produktivität? Schon die Begriffe, die wir wählen, beeinflussen die innere Haltung, mit der wir uns selbst begegnen. Achtsamkeit zum Beispiel ist mehr als eine Technik, sie ist eine Haltung der Präsenz, die sich nicht nur auf den Moment richtet, sondern auf den Umgang mit dem gesamten Leben.

Dazu gehört auch, Unvollkommenheit zuzulassen. Wer sich erlaubt, nicht immer alles zu schaffen, sich auch mal zurückzuziehen, Grenzen zu setzen oder Hilfe anzunehmen, lebt eine Selbstfürsorge, die auf Menschlichkeit basiert. Diese Form der Fürsorge ist nicht glamourös, nicht unbedingt fotogen, aber sie ist echt. Sie besteht in kleinen, konkreten Entscheidungen: Nein zu sagen, wenn es zu viel ist. Ja zu sagen, wenn Unterstützung gebraucht wird. Nicht in Selbstkritik zu verfallen, wenn etwas nicht gelingt. Und sich selbst nicht zu verlieren, inmitten all der Ansprüche, die an uns herangetragen werden – von außen wie von innen.

Diese Haltung kann und sollte auch in der Begleitung von Klient:innen spürbar sein. Selbstfürsorge darf nicht zu einem weiteren Ziel werden, das erreicht werden muss. Sie ist vielmehr ein Weg. Ein Prozess, der Zeit braucht, Widersprüche enthält und sich immer wieder neu sortiert. Du kannst diesen Weg begleiten, indem du Räume eröffnest, in denen es erlaubt ist, müde zu sein. In denen Selbstfürsorge nicht als weitere Pflicht erscheint, sondern als Möglichkeit. Und in denen nicht Selbstverbesserung im Vordergrund steht, sondern Selbstbeziehung.

Je klarer du selbst in deiner Haltung bist, desto authentischer kannst du solche Prozesse begleiten. Es lohnt sich also, die eigene Position immer wieder zu reflektieren. Wo lasse ich mich von Trends beeinflussen? Wo verliere ich die Verbindung zu meiner inneren Orientierung? Wo übernehme ich unbemerkt fremde Ideale? Die Auseinandersetzung mit diesen Fragen stärkt nicht nur deine persönliche Klarheit, sondern auch deine professionelle Integrität. Denn Selbstfürsorge beginnt bei dir, nicht als Pflicht, sondern als Ausdruck deines Respekts dir selbst gegenüber.

In der psychosozialen Praxis braucht es eine klare Unterscheidung: Zwischen echter Fürsorge und kommerzialisierter Wellness. Zwischen akzeptierender Selbstentwicklung und perfektionistischer Selbstoptimierung. Und zwischen dem Wunsch nach Wachstum und dem Recht auf Pause. Diese Differenzierung schützt nicht nur dich selbst, sondern auch die Menschen, die du begleitest. Denn sie ermöglicht es, neue Wege zu gehen, jenseits von Selbstverbesserung und hin zu Selbstverbundenheit.

Reflexionsfragen:

- Welche Bilder und Vorstellungen habe ich selbst von Selbstfürsorge, und woher stammen sie?
- In welchen Momenten spüre ich, dass Selbstfürsorge zu einer weiteren Aufgabe wird?
- Was bedeutet für mich persönlich echte Fürsorge, abseits von äußeren Idealen?
- Wo vermischen sich in meinem Alltag Selbstfürsorge und Selbstoptimierung?
- Wie kann ich meine Haltung gegenüber diesen Themen bewusster gestalten?
- Welche Botschaft vermittle ich Klient:innen, wenn ich über Selbstfürsorge spreche?

- Welche kleinen Veränderungen würden mir helfen, meine Selbstfürsorge authentischer zu leben?

Echte Selbstfürsorge unterscheidet sich grundlegend von konsumorientierter Wellness und perfektionistischer Selbstoptimierung. Sie ist keine neue Pflicht, kein weiterer Schritt auf der Erfolgsleiter, sondern eine innere Haltung, die geprägt ist von Mitgefühl, Achtsamkeit und Respekt sich selbst gegenüber. In einer Zeit, in der Selbstfürsorge oft zum Lifestyle-Produkt wird, braucht es eine bewusste Rückbesinnung auf das, worum es wirklich geht: um den achtsamen, ehrlichen und menschlichen Umgang mit sich selbst.

Die Balance von Geben und Nehmen

Die Arbeit in helfenden Berufen ist von einer tiefen Aus-
richtung auf das Geben geprägt. Wer Menschen in Krisen
begleitet, unterstützt, zuhört und stärkt, investiert konti-
nuierlich Energie, Zeit, Mitgefühl und Aufmerksamkeit.
Diese Form des Gebens kann sehr erfüllend sein, wenn sie
in einem gesunden Verhältnis zum Nehmen steht. Denn
so paradox es klingen mag: Wer dauerhaft nur gibt, ohne
auch zu empfangen, erschöpft irgendwann seine inneren
Ressourcen. Die Balance zwischen Geben und Nehmen ist
kein Luxus, sondern eine Voraussetzung für nachhaltige
und wirksame psychosoziale Arbeit.

Viele psychosoziale Fachkräfte geraten genau an diesem
Punkt in ein inneres Ungleichgewicht. Sie erleben sich als
stabile Stützen für andere, sehen ihre Aufgabe darin, tragfähig zu sein und stellen das eigene Befinden häufig hin-
ten an. Dahinter steht nicht selten eine professionelle
Haltung, die stark von altruistischen Idealen geprägt ist.
Doch genau diese Ideale bergen das Risiko, dass das Nehmen als egoistisch empfunden wird. Wer immer stark sein
will, verlernt, sich selbst zu versorgen. Wer immer verfügbar ist, verliert den Zugang zur eigenen Begrenztheit. Und
wer sich nur über das Geben definiert, erkennt den Wert
des Empfangens oft nicht mehr.

Ein erster Schritt in Richtung Balance besteht darin, die
eigenen Muster bewusst zu reflektieren. Was bedeutet
Geben für mich, beruflich wie persönlich? Welche Gefühle löst das Nehmen in mir aus? Welche inneren Stimmen melden sich, wenn ich selbst Unterstützung brauche

oder um Hilfe bitte? Diese Reflexion kann aufdecken, dass sich hinter dem scheinbar selbstlosen Geben oft tiefe Sehnsüchte nach Anerkennung, Sicherheit oder Zugehörigkeit verbergen. Wer nur gibt, um sich wertvoll zu fühlen, stellt keine echte Balance her, sondern bleibt in einem subtilen Abhängigkeitsverhältnis.

Geben und Nehmen stehen in einer dynamischen Beziehung. Sie sind nicht statisch, sondern verändern sich mit den Anforderungen des Alltags, den Phasen des Lebens, dem beruflichen Kontext. In manchen Situationen bist du mehr Gebende:r, in anderen mehr Empfangende:r. Entscheidend ist, ob du dir beides erlaubst. Ob du dich nicht nur als professionelle Begleiter:in siehst, sondern auch als Mensch mit Bedürfnissen. Ob du die Erlaubnis hast, Hilfe anzunehmen, Feedback zu bekommen, dich stärken zu lassen. Diese innere Erlaubnis ist der Schlüssel zu echter Balance.

In der Praxis zeigt sich dieses Thema auf vielfältige Weise. Vielleicht fällt es dir leicht, anderen gut zuzuhören, hast aber Schwierigkeiten, über deine eigenen Gefühle zu sprechen. Vielleicht unterstützt du Kolleg:innen in Konflikten, scheust aber davor zurück, selbst Unterstützung einzufordern. Vielleicht arbeitest du regelmäßig über deine Belastungsgrenze hinaus, ohne dies nach außen zu zeigen. All das sind Zeichen dafür, dass das Gleichgewicht zwischen Geben und Nehmen gestört ist. Es geht nicht darum, in jedem Moment ein exaktes Gleichgewicht herzustellen, sondern darum, in der Summe nicht zu verarmen, emotional, körperlich oder geistig.

Eine hilfreiche Übung kann darin bestehen, regelmäßig Bilanz zu ziehen. Was habe ich in den letzten Tagen oder Wochen gegeben? Wo habe ich empfangen? Was hat mir Kraft gekostet, und was hat mir Kraft geschenkt? Diese Reflexion ermöglicht dir, deine eigene Balance zu überprüfen und gegebenenfalls bewusst gegenzusteuern. Du kannst dir auch gezielt Quellen des Empfangens erschließen, seien es persönliche Beziehungen, kreative Tätigkeiten, Momente der Stille oder professionelle Begleitung. Wichtig ist, dass du diese Quellen nicht als Belohnung nach der Arbeit verstehst, sondern als integralen Bestandteil deines Lebens.

Der gesellschaftliche Diskurs erschwert diese Balance zusätzlich. In vielen Kulturen wird das Geben idealisiert, während das Nehmen mit Schwäche, Abhängigkeit oder Unselbstständigkeit assoziiert wird. Besonders Frauen erleben sich oft in der Rolle der Gebenden, im Beruf, in der Familie, im sozialen Umfeld. Diese Prägung wirkt unbewusst und tief. Umso wichtiger ist es, das Nehmen nicht als Defizit zu betrachten, sondern als aktiven Akt der Selbstfürsorge. Nehmen bedeutet, sich selbst ernst zu nehmen. Es bedeutet, Bedürfnisse zu spüren, anzuerkennen und zu erfüllen. Es bedeutet, sich mit anderen zu verbinden, nicht aus Schwäche, sondern aus menschlicher Verbundenheit.

Die Balance von Geben und Nehmen betrifft auch das Setting deiner Arbeit. Wie sind deine Arbeitszeiten gestaltet? Wie viele Klient:innen begleitest du parallel? Wie oft nimmst du dir Auszeiten, Reflexionsräume oder Supervision? Wie ist der Austausch im Team organisiert? Diese strukturellen Aspekte beeinflussen deine Fähigkeit, im

Gleichgewicht zu bleiben. Selbst die besten Absichten nützen wenig, wenn die äußeren Rahmenbedingungen dauerhaft einseitig sind. Deshalb gehört zur Selbstfürsorge auch der Mut, strukturelle Veränderungen einzufordern, Missstände zu benennen und für bessere Bedingungen einzustehen – für dich und für deine Kolleg:innen.

Langfristig führt ein ausgewogenes Verhältnis von Geben und Nehmen zu innerer Stabilität, beruflicher Zufriedenheit und persönlicher Authentizität. Du wirst nicht weniger wirksam, wenn du auch empfängst, du wirst präsenter. Du wirst nicht weniger professionell, wenn du um Hilfe bittest, du wirst menschlicher. Und du wirst nicht weniger stark, wenn du Pausen brauchst, du wirst klarer. Die Fähigkeit, zu nehmen, ist kein Gegenstück zum Geben, sondern seine Voraussetzung.

Diese Balance zu halten bedeutet auch, sich von falschen Idealvorstellungen zu verabschieden. Du musst nicht alles allein schaffen. Du darfst dich auch einmal zurücklehnen, dich versorgen lassen, dir etwas Gutes tun. Es ist kein Zeichen von Schwäche, sondern Ausdruck innerer Stärke, sich Unterstützung zu holen. Gerade im psychosozialen Berufsfeld, wo du ständig mit den Themen und Emotionen anderer Menschen konfrontiert bist, ist es wichtig, eigene Ressourcen zu schützen. Dazu gehört, dass du weißt, wo du auftanken kannst, und dass du diese Orte bewusst aufsuchst.

Beziehungen spielen dabei eine zentrale Rolle. Nicht nur die zu Kolleg:innen, Freund:innen und Familie, sondern auch die Beziehung zu dir selbst. Wie liebevoll gehst du mit dir um, wenn du an deine Grenzen kommst? Erlaubst du dir Pausen oder fährst du einfach weiter? Erkennst du deine eigenen Leistungen an oder brauchst du immer neue Beweise für deinen Wert? Diese Fragen sind zentral für das Verständnis von Balance. Denn wer gut für sich sorgt, erkennt die Wichtigkeit des Nehmens und schafft damit die Grundlage für ein nachhaltiges Geben.

Auch institutionelle Rahmenbedingungen können diese Balance fördern oder behindern. Arbeitsmodelle, die Pausen respektieren, Teamstrukturen, die Austausch ermöglichen, Supervision als festen Bestandteil der Arbeit – all das sind konkrete Rahmen, die helfen, ein Gleichgewicht zu wahren. Als psychosoziale Fachkraft darfst du dich dafür einsetzen. Nicht nur für dich selbst, sondern auch für die Qualität deiner Arbeit und für deine Kolleg:innen. Denn ein gesundes Geben-Nehmen-Verhältnis ist keine individuelle Aufgabe allein, sondern auch ein strukturelles Thema.

Der Mut, zu nehmen, bedeutet auch, Kontrolle abzugeben. Hilfe anzunehmen heißt, sich ein Stück weit in die Hände anderer zu begeben. Das fällt nicht immer leicht, besonders wenn du gewohnt bist, die Verantwortung zu tragen. Doch genau in diesem Moment entsteht Verbindung. Du zeigst dich menschlich, verletzlich, offen und stärkst damit die Beziehungsfähigkeit, die auch deinen Klient:innen zugutekommt. Die Fähigkeit, zu nehmen, ist damit nicht nur Selbstfürsorge, sondern auch ein Modell für gelingende Beziehungen.

Reflexionsfragen:

- Welche inneren Überzeugungen habe ich über das Geben und über das Nehmen?
- Wie zeigt sich die Balance zwischen Geben und Nehmen in meinem Berufsalltag?
- Wann fällt es mir schwer, Hilfe anzunehmen und warum?
- Welche Situationen oder Menschen nähren mich wirklich?
- Wo überschreite ich meine Grenzen, ohne es bewusst wahrzunehmen?
- Wie kann ich meine Balance im Alltag konkreter gestalten?
- Was würde sich in meinem Leben verändern, wenn ich dem Nehmen mehr Raum gebe?
- Welche Strukturen in meinem Arbeitsumfeld fördern oder behindern meine Fähigkeit, zu empfangen?

Die Balance zwischen Geben und Nehmen ist ein zentrales Element gesunder psychosozialer Arbeit. Wer dauerhaft gibt, ohne auch zu empfangen, erschöpft seine Ressourcen und gefährdet seine Wirksamkeit. Wahre Professionalität zeigt sich nicht im ständigen Verzicht, sondern in der Fähigkeit, sich selbst mit denselben Maßstäben der Fürsorge zu begegnen wie anderen. Geben und Nehmen gehören untrennbar zusammen, als Ausdruck innerer Verbundenheit und gelebter Menschlichkeit. Sie zu kultivieren, erfordert Mut, Reflexion und eine bewusste Abkehr von einseitigen Idealbildern. Doch dieser Weg lohnt sich. Für dich und für alle, mit denen du arbeitest.

Innere Antreiber und hinderliche Glaubenssätze

In unserem Arbeitsfeld begegnen uns nicht nur die Herausforderungen der Klient:innen, sondern auch unsere eigenen inneren Dynamiken. Oft geschieht dies unbemerkt, schleichend, in Form von Gedanken, Haltungen oder Automatismen, die unser Handeln beeinflussen. Zwei besonders wirksame Mechanismen sind innere Antreiber und tief verankerte Glaubenssätze. Sie wirken wie unsichtbare Programme im Hintergrund und prägen unser berufliches Selbstverständnis ebenso wie unser persönliches Empfinden. Gerade in der Selbstfürsorge ist es entscheidend, sich dieser inneren Muster bewusst zu werden.

Innere Antreiber sind psychologische Grundmuster, die aus früher Kindheit stammen und uns zu bestimmten Verhaltensweisen drängen. Sie lauten beispielsweise: „Sei stark", „Sei perfekt", „Mach es allen recht", „Streng dich an" oder „Beeil dich". Diese Antreiber waren einst hilfreich, weil sie uns in unserer Entwicklung Orientierung gaben und dabei halfen, Anerkennung zu bekommen. Im Erwachsenenalter jedoch können sie zu überfordernden Selbstansprüchen werden. Sie lassen uns durchhalten, obwohl eine Pause nötig wäre. Sie lassen uns funktionieren, obwohl wir spüren, dass es uns zu viel wird. Und sie hindern uns daran, Hilfe anzunehmen, weil sie Schwäche mit Versagen gleichsetzen.

Diese Antreiber sind nicht per se negativ, sie haben oft dazu beigetragen, dass du leistungsfähig, gewissenhaft oder hilfsbereit geworden bist. Doch sie arbeiten nach alten Regeln, die in deinem heutigen Leben nicht mehr unbedingt passend sind. Die Welt, in der du jetzt agierst, stellt andere Anforderungen. Und du selbst darfst andere Maßstäbe an dich anlegen. Der Unterschied zwischen einem gesunden inneren Anspruch und einem destruktiven Antreiber liegt oft in der inneren Haltung: Agierst du aus freier Entscheidung oder aus innerem Zwang?

Ein besonders verbreiteter Glaubenssatz im psychosozialen Berufsfeld ist: „Ich darf keine Schwäche zeigen." Er klingt vielleicht nicht immer bewusst mit, aber er wirkt. Wenn du das Gefühl hast, immer souverän wirken zu müssen, keine Unsicherheit zeigen zu dürfen oder dir keine Fehler erlauben kannst, bist du diesem Glaubenssatz wahrscheinlich aufgesessen. Er erzeugt Druck, Einsamkeit und emotionale Kälte, nach innen wie nach außen. Dabei ist die Fähigkeit, sich auch verletzlich zu zeigen, ein Zeichen von Authentizität und Stärke. Sie schafft Nähe, ermöglicht Vertrauen und macht dich menschlich, nicht weniger professionell.

Ein weiterer Glaubenssatz, der vielen vertraut ist, lautet: „Ich muss immer da sein." Diese Überzeugung ist besonders tückisch, weil sie sich als Fürsorglichkeit tarnt. Doch in Wahrheit macht sie dich abhängig von der Rolle der Helfer:in. Du beginnst, dich unentbehrlich zu fühlen, bist ständig erreichbar, springst auch dann ein, wenn du erschöpft bist, aus Pflichtgefühl, nicht aus freier Entscheidung. Langfristig führt das zu Überlastung, Frustration und dem Verlust der eigenen Bedürfnisse. Es ist kein Zeichen von Engagement, sondern von Selbstverleugnung, wenn du dir nicht erlaubst, dich zurückzuziehen.

Oft wirken mehrere Antreiber gleichzeitig. Du strengst dich an, willst es perfekt machen, möchtest niemanden enttäuschen und funktionierst selbst dann noch, wenn dein Körper längst Erschöpfung signalisiert. Solche inneren Muster führen zu einem Zustand ständiger innerer Alarmbereitschaft. Du kommst kaum zur Ruhe, hast Schwierigkeiten, abzuschalten, und empfindest Pausen als Schuldgefühl statt als Erlaubnis. Diese Daueranspannung ist auf Dauer gesundheitsschädlich und wirkt sich negativ auf deine professionelle Präsenz aus.

Diese inneren Antreiber und Glaubenssätze zu erkennen, ist kein leichter Prozess. Sie sind oft tief in der Persönlichkeit verwurzelt, wurden über Jahre verinnerlicht und haben sich mit deinem beruflichen Selbstbild verknüpft. Doch sie lassen sich hinterfragen, und das ist der erste Schritt zu mehr innerer Freiheit. Du kannst dich fragen: Wem diene ich, wenn ich ständig stark bin? Was fürchte ich, wenn ich Grenzen setze? Was bedeutet es für mich, wenn ich auch einmal nicht verfügbar bin? Diese Fragen führen zu einem Perspektivwechsel, weg vom inneren Zwang, hin zur bewussten Entscheidung.

Hilfreich ist es, diese Muster nicht nur kognitiv zu analysieren, sondern sie auch körperlich und emotional wahrzunehmen. Wie fühlt es sich an, wenn du eine Grenze setzt? Was passiert in deinem Körper, wenn du „Nein" sagst? Welche Gedanken tauchen auf, wenn du dich schwach oder bedürftig zeigst? Diese Wahrnehmung kann dir helfen, die inneren Mechanismen zu entlarven und neue Handlungsspielräume zu entdecken. Vielleicht merkst du, dass du mehr Angst vor Bewertung hast, als dir bisher bewusst war. Oder dass du gelernt hast,

Anerkennung nur über Leistung zu erfahren. Solche Einsichten sind nicht immer angenehm, aber sie öffnen die Tür zu Veränderung.

Manchmal hilft es, sich die Herkunft dieser Glaubenssätze bewusst zu machen. Wer hat dir vermittelt, dass du stark sein musst? Wo hast du gelernt, dass Schwäche gefährlich ist? Welche Erfahrungen haben dich geprägt? Indem du diese inneren Stimmen identifizierst, kannst du beginnen, dich von ihnen zu distanzieren. Du bist nicht deine Antreiber. Du bist nicht deine alten Glaubenssätze. Du bist jemand, der sie erkennen und verändern kann.

Ein weiterer Schritt besteht darin, dir neue, unterstützende Glaubenssätze zu erlauben. Diese entstehen nicht über Nacht, aber sie können wachsen. Vielleicht beginnst du mit kleinen Sätzen wie: „Ich darf meine Bedürfnisse ernst nehmen." „Ich bin auch dann wertvoll, wenn ich nicht stark bin." „Ich darf mir Hilfe holen." „Ich bin genug." Diese Sätze mögen anfangs ungewohnt klingen, doch sie sind ein Gegenpol zu den alten Mustern. Wiederhole sie, schreibe sie auf, sprich sie laut, mach sie zu einem Teil deines inneren Dialogs.

Supervision, Coaching oder therapeutische Begleitung können in diesem Prozess sehr unterstützend sein. Manchmal braucht es ein Gegenüber, das die blinden Flecken sichtbar macht, das Muster benennt, wo du selbst noch keine Sprache hast. Auch der Austausch mit Kolleg:innen kann hilfreich sein, besonders dann, wenn er ehrlich und offen geführt wird. Zu hören, dass andere ähnliche Muster kennen, kann entlastend wirken und Mut machen, neue Wege zu gehen.

Es geht nicht darum, sich von einem Tag auf den anderen zu verändern. Es geht darum, achtsamer zu werden. Dich selbst zu beobachten, liebevoll zu hinterfragen und dich Schritt für Schritt von alten Mustern zu lösen. Jeder Moment, in dem du dir erlaubst, etwas anders zu machen, eine Pause einzulegen, um Hilfe zu bitten, einen Fehler zuzugeben, ist ein Moment der Selbstfürsorge. Und jeder dieser Momente zählt.

Reflexionsfragen:

- Welche inneren Antreiber erkenne ich bei mir – z. B. „Sei stark", „Mach es allen recht", „Streng dich an"?
- Welche Glaubenssätze beeinflussen mein berufliches Handeln?
- In welchen Situationen fühle ich mich verpflichtet, stark oder verfügbar zu sein, obwohl ich erschöpft bin?
- Was hindert mich daran, Hilfe anzunehmen oder mich verletzlich zu zeigen?
- Welche neuen inneren Haltungen möchte ich entwickeln, um mich selbst besser zu unterstützen?
- Wie könnte mein Arbeitsalltag aussehen, wenn ich weniger von innerem Druck, sondern mehr von Selbstfürsorge geleitet wäre?
- Welche Rolle spielt mein berufliches Umfeld bei der Aufrechterhaltung oder Veränderung dieser Muster?
- Wie kann ich mich im Alltag selbst daran erinnern, neue, unterstützende Glaubenssätze zu leben?

Innere Antreiber und hinderliche Glaubenssätze wirken oft unbewusst und beeinflussen maßgeblich, wie du dich im Berufsalltag erlebst. „Ich darf keine Schwäche zeigen" und „Ich muss immer da sein" sind Beispiele für Überzeugungen, die dich langfristig überfordern können. Selbstfürsorge beginnt damit, diese Muster zu erkennen, sie liebevoll zu hinterfragen und durch neue, hilfreichere Haltungen zu ersetzen. Es geht nicht darum, perfekt zu sein, sondern menschlich, klar und mitfühlend, auch dir selbst gegenüber. Veränderung beginnt mit Wahrnehmung, und jeder kleine Schritt in Richtung innerer Freiheit zählt.

Selbstfürsorge in belastenden Systemen

Manchmal liegt es nicht an dir. Du kannst deine Bedürfnisse gut kennen, deine Grenzen wahrnehmen, achtsam durch den Tag gehen und trotzdem das Gefühl haben, dass Selbstfürsorge schwer umzusetzen ist. Dass du ständig gegen etwas ankämpfst, das größer ist als du selbst. Dieses Gefühl täuscht nicht. Viele psychosozial Tätige arbeiten in Systemen, die strukturell belastend sind. Organisationen, in denen Zeitdruck, Personalmangel, Bürokratie, wenig Mitsprache und ein hoher Erwartungsdruck den Alltag prägen. Hier beginnt ein wichtiges Kapitel: Selbstfürsorge in Kontexten, die sie erschweren oder sogar verhindern.

Wenn du in einer Institution tätig bist, bist du nicht nur Fachperson, sondern auch Teil eines Systems. Dieses System hat Regeln, unausgesprochene Normen, eine bestimmte Kultur, manchmal auch starre Hierarchien oder intransparente Entscheidungswege. Vielleicht kennst du das Gefühl, viel leisten zu müssen, aber wenig Anerkennung zu bekommen. Oder du erlebst, dass deine eigenen Werte und das, was im System gelebt wird, nicht immer übereinstimmen. Das kann zermürbend sein. Denn Selbstfürsorge braucht Raum, Rückhalt, Vertrauen und Wertschätzung. Wenn das fehlt, sind die inneren Ressourcen schneller erschöpft, als man sie regenerieren kann.

Es wäre zynisch zu behaupten, man könne unter allen Bedingungen einfach nur „besser auf sich achten" und damit sei alles gut. Nein, manchmal brauchst du nicht mehr Achtsamkeit, sondern eine Veränderung im Außen. Doch nicht immer lässt sich das sofort realisieren. Daher ist es wichtig, zweigleisig zu fahren: Einerseits sich selbst bestmöglich schützen, stärken und stabilisieren. Andererseits schrittweise Einfluss auf die Rahmenbedingungen nehmen oder sich gegebenenfalls auch davon lösen.

Schutz beginnt mit Klarheit. Wer genau hinschaut, erkennt eher, wo Belastungen entstehen. Ist es das tägliche Gefühl der Hetze? Eine bestimmte Führungskraft, die Druck macht? Eine Struktur, in der alles wichtig ist, aber nichts Zeit hat? Die klare Benennung solcher systemischen Faktoren ist ein erster Akt der Selbstfürsorge. Denn solange du denkst, das Problem sei in dir, kämpfst du an der falschen Front.

Auch eine differenzierte Analyse kann helfen: Welche dieser Faktoren liegen innerhalb deines Einflussbereichs, welche nicht? Du kannst das Modell der drei Einflussbereiche nutzen: direkter Einfluss, indirekter Einfluss, kein Einfluss. So entsteht eine Landkarte, auf der du Entscheidungen bewusster treffen kannst. Es entlastet, wenn du aufhörst, dich für Dinge verantwortlich zu machen, die gar nicht in deiner Macht liegen.

Innerhalb deines Einflussbereichs kannst du konkrete Handlungsstrategien entwickeln. Vielleicht brauchst du klarere Kommunikation mit Kolleg:innen oder mehr Pausen, selbst wenn sie nur drei Minuten dauern. Vielleicht musst du lernen, häufiger Nein zu sagen, auch wenn das nicht dem Klima des Teams entspricht. Oder du kannst dich mit Verbündeten zusammenschließen, um gemeinsam für Verbesserungen einzutreten. Selbstfürsorge bedeutet auch, Allianzen zu bilden. Denn systemische Belastungen lassen sich selten allein bewältigen.

In besonders starren oder autoritär geführten Systemen wird Selbstfürsorge schnell als Schwäche abgewertet. Wer Pausen macht, gilt als faul. Wer sich abgrenzt, als unkollegial. Wer Nein sagt, als nicht belastbar. Solche subtilen Botschaften machen krank. Deshalb brauchst du eine innere Haltung, die stärker ist als diese Zuschreibungen. Eine Haltung, die sagt: Ich bin keine Maschine. Ich bin ein Mensch. Und ich darf für mich sorgen, auch wenn das nicht jedem gefällt.

Diese Haltung braucht Pflege. Sie entsteht nicht aus dem Nichts. Sie wächst durch Erfahrungen, Reflexion, Austausch und manchmal auch durch Schmerz. Wenn du mehrfach über deine Grenzen gegangen bist, wird dir klarer, wo du sie künftig besser wahren willst. Und wenn du einmal erlebt hast, dass eine klare Abgrenzung dich selbst gerettet hat, verlierst du nach und nach die Angst vor dem Nein.

Dazu gehört es auch, sich innerlich zu distanzieren. Wenn du dich mit der Organisation, in der du arbeitest, vollständig identifizierst, trifft dich jeder Konflikt doppelt. Du wirst zum Schwamm, der alles aufsaugt. Manchmal hilft ein innerer Schritt zurück: Ich arbeite hier. Ich bin nicht das System. Ich bringe mich mit meiner Kompetenz ein, aber ich bin nicht verantwortlich für alles, was hier schiefläuft. Diese gedankliche Distanz kann dich emotional entlasten, ohne dass du dich von deiner Aufgabe entfremden musst.

Besonders belastend sind Situationen, in denen du nicht nur unter Druck stehst, sondern zusätzlich das Gefühl hast, dass deine Arbeit keinen Sinn ergibt. Wenn du nur noch „verwahrst" statt begleitest, Formulare ausfüllst statt Gespräche führst oder Maßnahmen setzt, hinter denen du fachlich nicht stehst. Sinnverlust ist ein starker Stressfaktor. Und es ist schwer, sich selbst zu pflegen, wenn man innerlich ausbrennt. Hier kann es helfen, sich regelmäßig zu fragen: Wofür mache ich das? Was sind die Momente, in denen ich spüre, dass meine Arbeit etwas bewegt? Diese kleinen Leuchtpunkte können dir helfen, dich innerlich auszurichten, auch wenn das Außen schwierig ist.

Manchmal lohnt es sich, diese Leuchtpunkte schriftlich festzuhalten. Eine Liste mit Momenten, die dich berührt haben. Ein kleines Tagebuch mit Rückmeldungen von Klient:innen, die dir gutgetan haben. Das ist kein sentimentales Sammeln, sondern eine Strategie gegen das Vergessen inmitten des Funktionierens. Denn gerade in belastenden Systemen geht das, was Sinn gibt, oft unter. Es bewusst sichtbar zu machen, ist ein Akt der Selbstfürsorge.

Ein weiterer wichtiger Aspekt betrifft die Haltung der Leitungsebene. Gibt es Raum für Supervision? Wird reflektiert, wie es dem Team geht? Werden Bedürfnisse ernst genommen oder eher belächelt? Gibt es Möglichkeiten der Mitsprache oder werden Entscheidungen über Köpfe hinweg getroffen? In Teams, in denen offene Kommunikation gefördert wird und Hierarchien nicht als Machtmittel, sondern als Strukturhilfe verstanden werden, ist

Selbstfürsorge nicht nur möglich, sondern wird aktiv unterstützt.

Wenn du feststellst, dass du dauerhaft in einem System arbeitest, das deine Fürsorge untergräbt, ist es kein Versagen, sich nach Alternativen umzusehen. Im Gegenteil: Es kann ein Akt der Selbstachtung sein, nicht in einem Umfeld zu bleiben, das dich krank macht. Die Angst vor Veränderung ist verständlich. Aber manchmal beginnt der Weg zu mehr Selbstfürsorge mit der Entscheidung, sich selbst nicht länger zu verraten.

Doch nicht jede:r kann sofort gehen. Viele bleiben – aus guten Gründen. Weil sie Verantwortung für andere tragen. Weil es keine Alternative gibt. Weil das Team trotz aller Widrigkeiten Halt gibt. Oder weil sie etwas bewirken wollen. Wenn du bleibst, dann bleib bewusst. Und entwickle Strategien, um dich innerlich zu schützen. Vielleicht ist es eine tägliche Achtsamkeitsminute zwischen zwei Gesprächen. Vielleicht ein Spaziergang in der Mittagspause ohne Handy. Vielleicht das bewusste Weglegen des Diensttelefons nach Dienstschluss, auch wenn du weißt, dass es „eigentlich nicht vorgesehen ist".

Selbstfürsorge in belastenden Systemen bedeutet oft, gegen den Strom zu schwimmen. Die Erwartungen des Systems nicht kritiklos zu übernehmen. Das heißt nicht, in Daueropposition zu gehen. Aber es heißt, immer wieder neu zu prüfen: Passt das, was hier läuft, noch zu dem, was mir wichtig ist? Und wenn nicht, was kann ich tun, um mich nicht darin zu verlieren?

Auch Sprache kann ein Instrument der Selbstfürsorge sein. Worte wie „ich muss noch" oder „es geht halt nicht anders" können unbewusst zementieren, dass du dich ausgeliefert fühlst. Versuche, deine Sprache zu verändern. Sag statt „Ich muss noch zehn Klient:innenberichte schreiben" vielleicht „Ich entscheide mich, diese Berichte jetzt konzentriert zu erledigen, um danach den Kopf frei zu haben". Es mag wie ein kleines Detail wirken, doch Worte schaffen Wirklichkeit. Sie formen dein inneres Erleben. Und sie beeinflussen deine Haltung dir selbst gegenüber.

Manche Systeme bieten wenig Spielraum. Doch selbst in solchen Umfeldern kann ein Mensch mit klarer Haltung, achtsamer Präsenz und einem starken inneren Rückhalt einen Unterschied machen. Vielleicht nicht im großen Stil. Aber im Kleinen. Und das zählt. Ein wertschätzendes Wort an eine Kollegin. Ein selbstbestimmter Feierabend. Eine klare Grenze, wo bisher geschwiegen wurde. Das sind keine kleinen Gesten. Das sind Zeichen der inneren Freiheit.

Letztlich ist Selbstfürsorge in belastenden Systemen auch eine politische Handlung. Sie widerspricht der Logik des Immer-mehr, des Immer-schneller, des Funktionieren-müssens. Sie sagt: Ich bin nicht nur hier, um zu leisten. Ich bin ein fühlendes Wesen mit Grenzen, Bedürfnissen und Rechten. Wer das lebt, wird vielleicht nicht überall beliebt sein. Aber er oder sie wird sich selbst treu bleiben.

Reflexionsfragen

- Welche systemischen Belastungen erlebst du aktuell in deinem beruflichen Umfeld?
- Was liegt in deinem direkten Einflussbereich, was liegt außerhalb davon?
- Wo passt du dich an Strukturen an, die deinen Werten widersprechen?
- Welche Formen von Selbstabwertung begegnen dir in deinem System, und wie gehst du damit um?
- Was hilft dir, dich innerlich von belastenden Rahmenbedingungen zu distanzieren, ohne zu resignieren?
- Gibt es Kolleg:innen, mit denen du dich verbünden kannst, um gemeinsam für Veränderung einzutreten?
- Was wären erste kleine Schritte, um trotz schwieriger Bedingungen gut für dich zu sorgen?

Selbstfürsorge gelingt nicht immer nur durch innere Arbeit, sondern braucht auch unterstützende äußere Bedingungen. In belastenden Systemen ist es besonders herausfordernd, für sich selbst zu sorgen. Strukturelle Rahmenbedingungen können Fürsorge erschweren oder untergraben. Doch auch in schwierigen Kontexten ist es möglich, Klarheit zu gewinnen, Grenzen zu setzen, Allianzen zu bilden und sich selbst innerlich zu stärken. Selbstfürsorge ist in diesem Zusammenhang nicht nur eine persönliche Aufgabe, sondern auch eine stille Form von Widerstand gegen Überforderung und Entmenschlichung. Sie beginnt mit dem Mut, hinzusehen und mit der Entscheidung, sich selbst wichtig zu nehmen, auch wenn das System es nicht tut.

Grenzen der Selbstverantwortung

In einer Welt, in der Selbstoptimierung zur Tugend erklärt wird und Selbstverantwortung als universeller Schlüssel zu Gesundheit, Glück und Erfolg gilt, gerät ein Aspekt schnell in Vergessenheit: Die Grenzen dieser Selbstverantwortung. Besonders im psychosozialen Bereich wird Menschen nahegelegt, gut auf sich selbst zu achten, achtsam zu sein, die eigenen Ressourcen zu pflegen und für das eigene Wohl zu sorgen. Das ist wichtig. Doch es ist nicht genug. Denn Selbstverantwortung endet dort, wo strukturelle, institutionelle oder gesellschaftliche Bedingungen den Spielraum des Einzelnen beschneiden.

Es ist verführerisch einfach, Belastung als individuelles Problem zu framen. Wer erschöpft ist, soll Resilienztraining machen. Wer ausgebrannt ist, sollte besser abgrenzen lernen. Wer überfordert ist, muss an sich selbst arbeiten. Das kann hilfreich sein, solange es freiwillig geschieht und nicht zur Pflicht wird. Wenn Selbstfürsorge zur moralischen Verpflichtung wird, erzeugt sie Druck statt Entlastung. Wenn sie die Verantwortung für gesunde Rahmenbedingungen von den Institutionen auf das Individuum verschiebt, wird sie zur Falle.

Die Grenze der Selbstverantwortung zeigt sich dort, wo Menschen zwar theoretisch für sich sorgen sollen, praktisch aber keine Möglichkeit dazu haben. Wenn Pausen nur auf dem Papier existieren, Arbeitszeiten regelmäßig überschritten werden und die Erwartungshaltung lautet, stets verfügbar zu sein, dann hilft auch das beste Zeitmanagement nichts. Wenn Beratungskräfte in überlasteten Systemen täglich mehr Klient:innen betreuen müssen, als ihnen fachlich und menschlich vertretbar erscheint, wird Selbstfürsorge zur Illusion.

Es braucht den Mut, das Systemische zu benennen. Belastung entsteht nicht nur aus mangelnden individuellen Kompetenzen, sondern oft aus einem Missverhältnis zwischen Anforderungen und Ressourcen. Dieses Missverhältnis wird selten offen angesprochen. Viel zu oft wird über „Stressbewältigung" gesprochen, ohne zu thematisieren, woher der Stress eigentlich kommt. Dabei liegt hier der Schlüssel für nachhaltige Veränderung. Wer Selbstverantwortung predigt, ohne die strukturelle Verantwortung anzuerkennen, macht es sich zu leicht - und lässt die Betroffenen allein.

Ein wichtiger Schritt ist es, zwischen innerer und äußerer Verantwortung zu unterscheiden. Innere Verantwortung bedeutet, achtsam mit sich selbst umzugehen, die eigenen Bedürfnisse ernst zu nehmen, sich abzugrenzen und für das eigene Wohlbefinden Sorge zu tragen. Äußere Verantwortung hingegen bezieht sich auf die Rahmenbedingungen, die gestaltet werden müssen, damit diese Selbstfürsorge überhaupt möglich ist. Dazu gehören faire Arbeitszeiten, angemessene Fallzahlen, unterstützende Teamstrukturen, Reflexionsräume, transparente Kommunikation und ein respektvoller Umgang miteinander.

Es ist eine gesamtgesellschaftliche Aufgabe, die Arbeitsbedingungen in helfenden Berufen so zu gestalten, dass Selbstfürsorge nicht zur zusätzlichen Belastung wird. Dazu gehört auch die Anerkennung emotionaler Arbeit als Arbeitsleistung. Menschen, die in beratenden, begleitenden und unterstützenden Rollen arbeiten, leisten weit mehr als das, was in Zahlen messbar ist. Sie tragen emotionale Prozesse, halten Krisen aus, vermitteln Hoffnung, geben Halt. Das ist nicht nur privat bedeutsam, sondern gesellschaftlich relevant. Und genau deshalb braucht es kollektive Verantwortung, nicht nur individuelle Anstrengung.

Ein weiterer Aspekt betrifft die politische Dimension. Wenn psychosoziale Angebote unterfinanziert sind, wenn Beratungseinrichtungen um Projektgelder kämpfen müssen, wenn Förderungen unzuverlässig oder kurzfristig gestrichen werden, dann betrifft das die Arbeitsrealität der dort Tätigen unmittelbar. Strukturelle Instabilität führt zu persönlicher Belastung. Wer dauerhaft in einem prekären System arbeitet, kann sich noch so sehr bemühen, für sich zu sorgen. Irgendwann erschöpfen auch die stärksten Ressourcen.

Deshalb ist es kein Zeichen von Schwäche, Missstände zu benennen. Im Gegenteil: Es braucht Menschen, die den Mut haben, laut zu sagen, was nicht passt. Die darauf hinweisen, dass Selbstverantwortung dort aufhört, wo systemische Verantwortung fehlt. Die sich nicht nur zurückziehen, um ihre eigene Resilienz zu pflegen, sondern auch gemeinsam mit anderen für Veränderung eintreten. Denn kollektive Fürsorge beginnt dort, wo Menschen sich gegenseitig stärken und strukturelle Verbesserungen einfordern.

Der Blick auf die Grenzen der Selbstverantwortung bedeutet nicht, die individuelle Ebene zu vernachlässigen. Es geht nicht um ein Entweder-oder, sondern um ein Sowohl-als-auch. Persönliche Selbstfürsorge bleibt bedeutsam, aber sie braucht gute Bedingungen, um wirksam zu sein. Wo diese fehlen, darf nicht das Individuum zum Sündenbock werden. Vielmehr muss der Blick geweitet werden: Was braucht es, damit Menschen in beratenden Berufen gesund, motiviert und langfristig tätig bleiben können? Welche Verantwortung tragen Träger, Institutionen, Politik und Gesellschaft?

In vielen Organisationen sind erste Schritte sichtbar. Es gibt Initiativen, die Supervision verbindlich etablieren, die Teamzeiten zur Reflexion ermöglichen, die Fürsorge nicht nur einfordern, sondern auch ermöglichen. Doch diese Initiativen müssen verstetigt und ausgeweitet werden. Es darf nicht vom Zufall abhängen, ob eine Einrichtung ihre Mitarbeitenden gut behandelt. Gute Rahmenbedingungen sollten Standard sein, nicht Ausnahme. Dafür braucht es klare Leitlinien, transparente Prozesse und vor allem eine Haltung, die das Wohl der Mitarbeitenden als gleichwertig zum Wohl der Klient:innen betrachtet.

Selbstverantwortung ist wichtig, aber sie ist kein Allheilmittel. Dort, wo sie zur Ersatzstrategie für fehlende strukturelle Fürsorge wird, verliert sie ihre Wirksamkeit. Denn kein Mensch kann dauerhaft gegen ein krankmachendes System anarbeiten, ohne selbst Schaden zu nehmen. Es braucht Räume für Austausch, für politische Diskussion, für Mitgestaltung. Und es braucht Menschen, die sich gegenseitig den Rücken stärken, statt sich gegenseitig zu überfordern.

Wer in der psychosozialen Beratung tätig ist, weiß, wie wichtig Solidarität ist. Zwischen Klient:innen und Berater:innen. Zwischen Kolleg:innen. Zwischen Profession und Gesellschaft. Diese Solidarität ist ein tragendes Netz. Sie erinnert uns daran, dass Selbstfürsorge nicht immer ausreicht, und dass wir mehr erreichen, wenn wir gemeinsam Verantwortung tragen.

Die Anerkennung der Grenzen von Selbstverantwortung ist kein Rückschritt. Sie ist ein Schritt in Richtung Realismus, Ehrlichkeit und kollektiver Reife. Und sie eröffnet neue Perspektiven: auf die Rolle von Organisationen, auf die Kraft gemeinschaftlicher Veränderung und auf das, was entsteht, wenn Menschen sich nicht nur um sich selbst, sondern auch umeinander kümmern.

Die kollektive Dimension psychosozialer Fürsorge wird in Zeiten multipler Krisen immer wichtiger. Während gesellschaftliche Spannungen, wirtschaftliche Unsicherheiten und politische Umbrüche zunehmen, steigt auch der Druck auf die helfenden Berufe. In einer solchen Situation zu sagen: „Sorg gut für dich selbst" reicht nicht mehr aus. Es braucht strukturelle Antworten. Es braucht Netzwerke, die tragen. Es braucht politische Willensbildung. Denn Selbstverantwortung kann nur dann blühen, wenn der Boden bereitet ist.

Ein Beispiel: Wenn ein psychosoziales Zentrum wöchentlich mehr Anfragen erhält, als es aufnehmen kann, müssen die Mitarbeitenden nicht nur professionell damit umgehen, sondern auch persönlich aushalten, dass sie nicht helfen können, obwohl sie wollen. Diese Ohnmacht ist nicht durch Achtsamkeit allein lösbar. Sie braucht strukturelle Veränderungen: mehr Ressourcen, bessere Finanzierung, klare Rahmenbedingungen. Es braucht mutige Entscheidungsträger:innen, Vorbilder, die Verantwortung übernehmen, nicht nur in Sonntagsreden, sondern im konkreten Handeln.

Was bedeutet das für dich als Fachperson? Es bedeutet, dich immer wieder zu fragen: Wo endet mein persönlicher Handlungsspielraum? Wo beginnt die Verantwortung der Organisation, des Systems, der Gesellschaft? Und wie kann ich beides miteinander verbinden? Es bedeutet auch, dich nicht zu überfordern mit dem Anspruch, alles selbst regeln zu müssen. Und es bedeutet, deine Stimme zu erheben, wenn du merkst, dass gute Arbeit unter schlechten Bedingungen nicht möglich ist.

Der Begriff der geteilten Verantwortung gewinnt in diesem Zusammenhang an Bedeutung. Geteilte Verantwortung bedeutet, dass niemand allein verantwortlich ist, aber auch niemand allein gelassen wird. Es heißt, dass jede:r das tut, was in seinem oder ihrem Bereich möglich ist – im Wissen, dass es ohne strukturelle Unterstützung nicht gelingt. Diese Haltung schafft Verbindung, Solidarität und langfristige Handlungsfähigkeit.

Wer in der Beratung tätig ist, erlebt täglich, wie eng das Persönliche mit dem Gesellschaftlichen verknüpft ist. Klient:innen bringen Themen mit, die nicht nur individuell, sondern auch systemisch bedingt sind. Es wäre widersprüchlich, diese Dimensionen in der eigenen beruflichen Realität auszublenden. Deshalb ist es ein Akt fachlicher Integrität, auch auf die eigenen Rahmenbedingungen zu schauen, und für deren Verbesserung einzutreten.

Selbstverantwortung bleibt ein wertvoller Bestandteil professioneller Haltung. Doch sie entfaltet ihre Kraft nur dort, wo sie eingebettet ist in ein Netz gemeinsamer Fürsorge. Dieses Netz braucht tragfähige Fäden: faire Arbeitsbedingungen, verlässliche Strukturen, respektvolle Kommunikation, gesellschaftliche Anerkennung. Nur dann wird Selbstfürsorge zu einem gelebten Alltag, und nicht zur leeren Formel in überlasteten Systemen.

Reflexionsfragen

- Wo stößt du in deinem Arbeitsalltag an die Grenzen deiner Selbstverantwortung?
- Welche strukturellen Faktoren erschweren es dir, gut für dich selbst zu sorgen?
- In welchen Situationen fühlst du dich zu Unrecht für etwas verantwortlich gemacht?
- Was würdest du dir von deiner Organisation oder deinem Umfeld wünschen, um deine Selbstfürsorge besser leben zu können?
- Welche konkreten Schritte könntest du unternehmen, um strukturelle Missstände sichtbar zu machen?
- Gibt es Menschen oder Netzwerke, mit denen du dich zusammentun kannst, um gemeinsam für bessere Bedingungen einzutreten?
- Welche Haltung möchtest du dir bewahren, um nicht in die Falle zu tappen, alles selbst regeln zu müssen?
- Wie kannst du dich selbst daran erinnern, dass es legitim ist, auch von anderen Verantwortung einzufordern?

Selbstverantwortung ist wichtig, aber nicht grenzenlos. Dort, wo strukturelle Bedingungen Selbstfürsorge verhindern, muss auch das System in die Pflicht genommen werden. Es genügt nicht, Einzelpersonen zur Resilienz anzuhalten, wenn gleichzeitig ihre Arbeitsrealität krank macht. Die Anerkennung der systemischen Verantwortung, der Aufbau unterstützender Strukturen und eine Kultur geteilter Verantwortung sind notwendig, um langfristige Gesundheit und Motivation in beratenden Berufen zu ermöglichen. Selbstfürsorge ist dann am wirksamsten, wenn sie nicht nur individuell gelebt, sondern auch kollektiv ermöglicht wird.

Selbstfürsorge in der Beziehung zu Kolleg:innen und Teams

Selbstfürsorge endet nicht an der Tür zum Büro. Gerade im psychosozialen Kontext, in dem Beziehungsarbeit im Mittelpunkt steht, kann das Miteinander im Team ein zentraler Faktor für Wohlbefinden, Belastung oder sogar Überforderung sein. Kollegiale Beziehungen können kraftspendend, unterstützend und entlastend wirken, oder sie werden zur täglichen Reibungsfläche. Wie sehr du dich in deiner Arbeit getragen, verstanden und eingebunden fühlst, ist oft eng mit der Dynamik im Team verbunden. Und gerade in Teams, die sich mit menschlichem Leid, Krisen oder komplexen Lebensgeschichten auseinandersetzen, kommt es darauf an, wie wir einander begegnen.

Es gibt Teams, in denen jede Person ganz selbstverständlich für die anderen mitdenkt. In denen Fragen wie „Wie geht es dir mit dem Fall?" oder „Willst du darüber reden?" Teil des Alltags sind. Und es gibt andere, in denen Konkurrenz, stille Bewertungen oder ein ständiger Vergleich die Atmosphäre bestimmen. In beiden Fällen wirkt das soziale Klima direkt auf die eigene psychische Gesundheit. Die gute Nachricht ist: Diese Prozesse lassen sich beeinflussen.

Ein zentraler Aspekt ist die Rollenklarheit. Wer weiß, welche Aufgabe er oder sie hat, welche Verantwortung damit einhergeht und wo die eigenen Grenzen beginnen und enden, wird weniger in ungute Dynamiken hineingezogen. Unklare Rollen hingegen laden zu

Schuldzuweisungen, Projektionen oder gegenseitiger Überforderung ein. Rollenklarheit ist nicht nur eine organisatorische Frage, sondern auch ein Akt der Selbstfürsorge. Denn sie schafft Sicherheit, Orientierung und Verlässlichkeit, sowohl für dich als auch für deine Kolleg:innen.

Auch Rivalität ist ein unterschätzter Stressfaktor im kollegialen Kontext. Sie zeigt sich nicht immer offen. Manchmal ist es das subtile Gefühl, sich beweisen zu müssen, oder die stille Angst, hinter den Erwartungen zurückzubleiben. Gerade in helfenden Berufen, in denen viel Idealismus mitschwingt, kann das Bedürfnis, besonders engagiert, belastbar oder kompetent zu erscheinen, unbewusst zu einem ständigen inneren Wettkampf führen. Sich davon zu befreien, ist ein Schritt in Richtung Selbstfürsorge. Es braucht Räume, in denen Schwäche gezeigt werden darf, in denen Fehler als Teil des Lernens verstanden werden und in denen nicht Perfektion, sondern Menschlichkeit zählt.

Ein tragender Faktor für ein gesundes Miteinander ist kollegiale Unterstützung. Nicht im Sinne eines ständigen „Wir müssen uns alle immer lieben", sondern als professionelle Solidarität. Die Bereitschaft, für einander einzuspringen, Rückmeldungen auf Augenhöhe zu geben, zuzuhören, ohne zu bewerten. Teams, die sich regelmäßig Zeit für kollegiale Reflexion nehmen, entwickeln häufig eine höhere Resilienz gegenüber Belastungen. Diese Zeit ist keine verlorene Arbeitszeit, sondern eine Investition in die Qualität der Arbeit und in das Wohlbefinden aller Beteiligten.

Selbstfürsorge bedeutet in diesem Zusammenhang auch, sich aktiv in die Teamkultur einzubringen. Wer sich zurückzieht, schweigt, obwohl ihn etwas belastet, oder dauerhaft Konflikten aus dem Weg geht, schützt sich kurzfristig, trägt aber langfristig zur Erhaltung einer destruktiven Dynamik bei. Es gehört zur Selbstfürsorge, sich mitzuteilen, für sich einzustehen, Feedback zu geben und auch Kritik auszuhalten. Nicht jedes Team ist ein sicherer Ort, aber jede Person kann einen Beitrag dazu leisten, dass es einer wird.

Wenn du feststellst, dass dein Teamklima dauerhaft belastend ist, lohnt es sich, nicht nur über einzelne Personen nachzudenken, sondern über Muster. Welche unausgesprochenen Regeln herrschen? Was darf gesagt werden, was nicht? Wo verlaufen die unsichtbaren Grenzen zwischen den Menschen? Systemische Teamreflexion kann helfen, diese Muster sichtbar zu machen. Dabei geht es nicht um Schuld, sondern um Verständnis, und darum, Möglichkeiten zur Veränderung zu erkennen.

Selbstfürsorge in Teams bedeutet auch, Grenzen zu ziehen. Nicht jedes Thema muss in der Kaffeepause geteilt werden. Nicht jede private Sorge gehört in die Teamsitzung. Nicht jede Stimmung muss übernommen werden. Abgrenzung ist kein Rückzug, sondern eine Form der Klarheit. Sie hilft dir, dich emotional nicht zu verlieren, besonders dann, wenn Kolleg:innen selbst erschöpft oder überfordert sind. Es ist nicht deine Aufgabe, alle aufzufangen. Aber du darfst dich einbringen, zuhören, dich zeigen, in einem Maß, das dir guttut.

Gerade neue Teammitglieder sind besonders sensibel für die Atmosphäre. Sie spüren, ob Offenheit gewünscht oder Misstrauen üblich ist, ob Rückhalt gegeben wird oder jede:r für sich kämpft. Deshalb lohnt es sich, auch die Frage zu stellen: Was für ein Team wollen wir sein? Wie wollen wir miteinander umgehen? Welche Regeln helfen uns, gut zusammenzuarbeiten? Und wer übernimmt Verantwortung dafür, dass diese Regeln gelebt werden?

Ein funktionierendes Team ist keine Selbstverständlichkeit. Es ist ein lebendiger Prozess, der Pflege braucht. Und diese Pflege ist Teil der Selbstfürsorge, nicht nur für die anderen, sondern auch für dich selbst. Denn in einem unterstützenden Team bist du nicht allein. Du musst nicht alles können, nicht alles wissen, nicht immer stark sein. Und das zu wissen, macht einen großen Unterschied.

Reflexionsfragen

- Welche Atmosphäre herrscht aktuell in deinem Team, und wie wirkt sich das auf dein Wohlbefinden aus?
- Wo erlebst du Unterstützung durch Kolleg:innen, und wo fühlst du dich eher allein?
- Wie klar sind deine Rolle und deine Aufgaben im Team definiert, und wie geht es dir damit?
- Welche unausgesprochenen Regeln beeinflussen den Umgang im Team?
- In welchen Situationen gelingt dir gesunde Abgrenzung, und wo fällt sie dir schwer?
- Welche Beiträge kannst du selbst leisten, um die Teamkultur aktiv mitzugestalten?

- Wo erlebst du Rivalität oder unterschwellige Konkurrenz, und wie gehst du damit um?
- Was brauchst du, um dich in deinem Team sicher und gesehen zu fühlen?

Die Beziehung zu Kolleg:innen ist ein zentraler Faktor für Selbstfürsorge im Berufsalltag. Teamdynamiken, Rollenklärung, gegenseitige Unterstützung und ein wertschätzendes Miteinander wirken direkt auf das emotionale Erleben. Selbstfürsorge im Team bedeutet, sich abzugrenzen, Verantwortung zu übernehmen, sich einzubringen und das Miteinander bewusst mitzugestalten. Ein gutes Team trägt, ein destruktives Team kann krank machen. Deshalb ist es essenziell, die eigene Rolle im System zu reflektieren und gemeinsam mit anderen an einer Kultur zu arbeiten, in der nicht nur Klient:innen, sondern auch Kolleg:innen gut aufgehoben sind.

Praktiken der Selbstfürsorge im Berufsalltag

Selbstfürsorge ist kein Luxus und keine Ausnahme, sondern eine essenzielle Kompetenz für alle, die im psychosozialen Berufsfeld tätig sind. Doch was bedeutet es konkret, im oft hektischen Berufsalltag gut für sich zu sorgen? Wie lässt sich Selbstfürsorge in den Tag integrieren, ohne zusätzlichen Druck zu erzeugen oder unrealistische Anforderungen an sich selbst zu stellen? In diesem Kapitel geht es um alltagsnahe, einfach umsetzbare Praktiken, die helfen können, ein gesundes Maß an innerer Stabilität und Ausgeglichenheit zu bewahren, selbst dann, wenn die Umstände herausfordernd sind. Besonders Mikro-Pausen, Achtsamkeit und Reflexionsrituale haben sich als wirksame Elemente nachhaltiger Selbstfürsorge erwiesen.

Mikro-Pausen sind kurze Unterbrechungen des Arbeitsflusses, oft nur wenige Minuten lang, aber mit großer Wirkung. Sie dienen dazu, den Autopiloten zu unterbrechen, den Körper wahrzunehmen, durchzuatmen und wieder in Kontakt mit sich selbst zu kommen. Eine Mikro-Pause kann ein kurzer Gang ans Fenster sein, ein bewusster Schluck Wasser, ein paar tiefe Atemzüge mit geschlossenen Augen oder das Strecken der Arme. Entscheidend ist nicht die Dauer, sondern die Qualität des Moments. In der psychosozialen Arbeit, wo oft ein Gespräch das nächste jagt, ist diese Form der Mini-Regeneration besonders wichtig. Sie hilft, Präsenz zu bewahren, emotionale Übertragung zu minimieren und die eigene Energie zu schützen.

Diese Mini-Unterbrechungen dienen nicht nur der körperlichen Entlastung, sondern auch der emotionalen. Wer über Stunden hinweg zuhört, mitfühlt, begleitet, läuft Gefahr, sich selbst zu verlieren. Ein kurzes Innehalten ist wie ein Anker, der dich wieder in dein eigenes Erleben zurückbringt. Du kannst bewusst wahrnehmen, wie du dich fühlst, was du brauchst und ob du gerade über deine Grenzen gehst. Auch ein kurzer Perspektivwechsel, etwa ein Blick ins Grüne, ein paar Minuten Musik, eine humorvolle Notiz, kann helfen, die innere Spannung zu regulieren.

Achtsamkeit ist mehr als ein Trend oder eine Entspannungstechnik. Sie ist eine Haltung. Achtsamkeit bedeutet, mit einer freundlichen und offenen Aufmerksamkeit im Hier und Jetzt zu sein, ohne zu bewerten. In der Praxis kann das heißen, beim Händewaschen die Temperatur des Wassers zu spüren, beim Gehen den Kontakt der Füße zum Boden wahrzunehmen oder beim Schreiben den Klang der Tastatur bewusst zu hören. Achtsamkeit im Berufsalltag braucht keine zusätzliche Zeit. Sie beginnt dort, wo du dich entscheidest, gegenwärtig zu sein. Diese bewusste Präsenz reduziert Stress, fördert die Selbstwahrnehmung und hilft, die oft komplexen Dynamiken im Beratungsgeschehen klarer zu erkennen und zu steuern.

Besonders hilfreich ist es, achtsame Übergänge zu gestalten. Der Moment vor einem Beratungsgespräch, das bewusste Ankommen im Raum, ein kurzes Innehalten nach einer emotional intensiven Sitzung, all das sind Momente, in denen du dich wieder zentrieren kannst. Du schaffst dir damit kleine Pufferzonen, die verhindern, dass sich emotionale Inhalte vermischen oder aufstauen. Ein paar tiefe

Atemzüge mit dem Fokus auf das Ausatmen, das Berühren eines kleinen Gegenstandes oder das bewusste Richten des Blicks nach außen: solche Mini-Praktiken machen den Unterschied.

Reflexionsrituale sind strukturierte Formen der Rückschau, die dazu dienen, das eigene Erleben zu ordnen und bewusst zu integrieren. Sie können schriftlich oder im inneren Dialog erfolgen, allein oder im Austausch mit Kolleginnen und Kollegen. Ein kurzes Tagebuch nach einem Arbeitstag, drei Fragen zum Feierabend wie: Was hat mich heute berührt, was war herausfordernd, was hat mir gutgetan, oder ein wöchentlicher Check-In mit einer vertrauten Person sind einfache, aber wirkungsvolle Rituale. Sie fördern nicht nur die Selbstreflexion, sondern wirken auch entlastend, weil sie helfen, Erlebnisse aus dem Kopf auf Papier oder in Beziehung zu bringen.

Auch kreative Formen der Reflexion können unterstützend sein. Zeichnungen, Collagen, ein Symbol auf einem Blatt Papier, das deinen Tag widerspiegelt, all das hilft, innere Prozesse sichtbar zu machen. Reflexion ist nicht nur kognitives Sortieren, sondern auch emotionales Verstehen. Besonders wenn du mit belastenden Themen arbeitest, ist es hilfreich, diese innerlich zu entladen. Nicht indem du sie verdrängst, sondern indem du ihnen einen Ausdruck gibst. Manche Menschen nutzen auch meditative Formen, Klang, Bewegung oder Naturerfahrungen, um innere Klärung zu finden.

Wichtig ist, dass du solche Rituale nicht als neue Pflicht verstehst. Sie sollen nicht zusätzlich stressen oder perfektionistisch ausgeführt werden. Vielmehr geht es darum, kleine Fenster im Alltag zu öffnen, in denen du dir selbst begegnest. Ein Satz, ein Bild, ein bewusster Moment kann reichen. Die Kontinuität ist wichtiger als die Perfektion. Und manchmal genügt es schon, überhaupt daran zu denken: Ich darf jetzt kurz bei mir ankommen.

In der psychosozialen Praxis begegnet dir jeden Tag eine Vielzahl emotionaler Reize. Du begleitest Menschen in Not, hörst Geschichten voller Schmerz, erlebst Dankbarkeit, Hoffnung, Rückschläge, Stagnation. Diese Fülle ist herausfordernd und sie verlangt nach innerem Ausgleich. Die genannten Praktiken sind wie Atempausen für dein Nervensystem. Sie helfen, dich zu stabilisieren, dich zu regulieren und dich nicht zu verlieren in der Welt der anderen. Sie stärken deine professionelle Haltung, weil sie dich immer wieder zurückführen zu dir selbst.

Eine häufige Hürde besteht darin, dass Selbstfürsorge als nicht so wichtig empfunden wird. Wenn der Kalender voll ist, die Aufgabenliste lang und die Verantwortung groß, scheint es fast unangebracht, sich ein paar Minuten Auszeit zu nehmen. Doch genau dann ist es notwendig. Denn je höher die Belastung, desto mehr braucht dein System Regeneration. Mikro-Pausen, Achtsamkeit und Reflexion sind keine Belohnung für einen erfolgreichen Tag. Sie sind die Grundlage dafür, dass du überhaupt gesund, klar und professionell arbeiten kannst.

Auch die Haltung gegenüber sich selbst spielt eine zentrale Rolle. Wenn du dich innerlich kritisierst, weil du nicht effizient genug bist, wenn du glaubst, immer stark sein zu müssen oder Selbstfürsorge mit Schwäche verwechselst, blockierst du den Zugang zu diesen hilfreichen Praktiken.

Dann hilft es, die innere Stimme zu wechseln. Vom Antreiber zum Fürsprecher, vom Kritiker zur Ermutigerin. Du darfst dir selbst die Erlaubnis geben, wichtig zu sein. Nicht erst am Ende des Tages, sondern mitten im Tun.

Reflexionsfragen:

- Welche alltäglichen Situationen übergehe ich, obwohl ich kurze Pausen bräuchte?
- Wie spüre ich, dass ich mich in einem Gespräch emotional verliere?
- Wann habe ich zuletzt bewusst achtsam gehandelt, und wie hat es sich angefühlt?
- Welche Rituale zur Selbstreflexion kenne ich bereits, und welche möchte ich ausprobieren?
- In welchen Momenten verbiete ich mir Fürsorge, weil ich glaube, keine Zeit zu haben?
- Welche innere Haltung würde mir helfen, Selbstfürsorge als gleichwertig zur Fürsorge für andere zu sehen?
- Was würde sich verändern, wenn ich Selbstfürsorge nicht mehr rechtfertigen müsste?
- Welche kleinen, konkreten Schritte kann ich morgen ausprobieren, um achtsamer mit mir umzugehen?

Selbstfürsorge im Berufsalltag bedeutet nicht, große Veränderungen vorzunehmen, sondern kleine, bewusste Handlungen zu kultivieren. Mikro-Pausen, Achtsamkeit und Reflexionsrituale sind wirkungsvolle Möglichkeiten, um die eigene Präsenz, Stabilität und emotionale Gesundheit zu stärken. Sie brauchen keine zusätzliche Zeit, sondern lediglich deine bewusste

Entscheidung, dir selbst Raum zu geben. Indem du diese Praktiken in deinen Alltag integrierst, stärkst du nicht nur dich selbst, sondern auch deine professionelle Wirksamkeit und die Qualität deiner Beziehungen. Selbstfürsorge ist keine Option, sie ist die Grundlage jeder nachhaltigen, menschenzugewandten Arbeit.

Umgang mit belastenden Gesprächen und Fällen

Belastende Gespräche gehören zum Alltag in psychosozialen Berufen. Sie fordern deine Aufmerksamkeit, deine Empathie, deine Kompetenz und nicht selten auch deine emotionale Belastbarkeit. Es sind Gespräche, in denen es um tiefe Not, um Trauer, um Gewalt, um existentielle Themen geht. Gespräche, die dich innerlich berühren, dich beschäftigen oder dich sogar an eigene Wunden erinnern können. Der professionelle Umgang mit solchen Situationen ist lernbar, braucht aber einen bewussten, reflektierten und achtsamen Zugang zu dir selbst. In diesem Kapitel geht es darum, wie du mit diesen Gesprächen und Fällen so umgehen kannst, dass du hilfreich bleibst, ohne dich selbst dabei zu verlieren.

Jede Person, die beratend oder begleitend tätig ist, kennt diese Momente. Du sitzt einem Menschen gegenüber, der von einem schweren Verlust erzählt, von Missbrauchserfahrungen, von Hoffnungslosigkeit. Du spürst die Dichte, die Schwere, vielleicht auch die Ohnmacht. Manchmal reicht ein Satz, ein Blick oder ein Schweigen, um dich emotional stark zu beanspruchen. Diese Belastung entsteht nicht nur durch das Gehörte, sondern auch durch die hohe Präsenz, die du aufbringst. Du bist mitfühlend, zugewandt, authentisch. Und genau das ist deine Stärke, aber auch deine Verletzlichkeit.

Es ist nicht das Ziel, dich von diesen Inhalten abzugrenzen oder unberührt zu bleiben. Im Gegenteil. Deine Empathie ist ein wesentliches Instrument deiner Arbeit. Doch sie braucht einen Rahmen. Einen inneren, wie äußeren. Der innere Rahmen entsteht durch deine Haltung, deine

Selbstfürsorge, deine Reflexion. Der äußere Rahmen wird durch Strukturen, Rituale und klare Arbeitsbedingungen geschaffen. Wenn du dich bewusst um beides kümmerst, wirst du stabiler im Umgang mit belastenden Themen. Und du wirst in der Lage sein, auch nach intensiven Gesprächen in deine eigene Mitte zurückzufinden.

Ein zentraler Aspekt dabei ist die emotionale Selbstregulation. Das bedeutet nicht, deine Gefühle zu unterdrücken oder dich zu distanzieren. Es bedeutet, deine Gefühle zu bemerken, zu benennen und bewusst mit ihnen umzugehen. Vielleicht merkst du Wut, wenn du von Ungerechtigkeit hörst. Vielleicht spürst du Traurigkeit, wenn du Abschied begleitest. Vielleicht löst das Gespräch Erinnerungen aus, die dich selbst betreffen. All das ist normal. Entscheidend ist, dass du dir innerlich sagst: Ich nehme das wahr. Ich bin betroffen. Und ich bleibe handlungsfähig.

Handlungsfähig bleibst du, wenn du nach dem Gespräch einen bewussten Abschluss findest. Das kann ein kurzes Ritual sein, ein paar Atemzüge, ein Wechsel des Raumes, das Notieren eines Satzes. Auch der Austausch im Team, eine kurze Gehmeditation oder das bewusste Trinken eines Glases Wasser kann helfen, wieder bei dir anzukommen. Wichtig ist, dass du dir erlaubst, innerlich zurückzutreten. Nicht als Zeichen von Desinteresse, sondern als Ausdruck deiner Professionalität. Du darfst deine Tür schließen. Du darfst loslassen. Du darfst dich wieder auf dich selbst besinnen.

Ein weiterer wichtiger Aspekt ist die Supervision. Sie bietet einen geschützten Raum, in dem du schwierige

Gespräche aufarbeiten kannst. Du bekommst Rückmeldung, kannst neue Perspektiven entwickeln, emotionale Entlastung erfahren. Regelmäßige Supervision ist kein Zeichen von Schwäche, sondern von Professionalität. Sie hilft dir, deine eigene Geschichte von der der Klientinnen und Klienten zu unterscheiden und zu verhindern, dass sich emotionale Übertragungen unbemerkt verfestigen. Auch kollegiale Beratung kann entlastend sein, wenn sie ehrlich, empathisch und nicht wertend geführt wird.

Manchmal ist es auch notwendig, dich abzugrenzen. Nicht jede Geschichte musst du bis ins Detail hören. Nicht jedes Angebot musst du annehmen. Nicht jede Verantwortung trägst du allein. Du darfst dich schützen, auch durch Strukturierung des Gesprächs, durch klare Zeitvorgaben, durch respektvolle Unterbrechung. Und du darfst dir Pausen nehmen, auch mitten im Tag. Dein Wohlbefinden ist keine Nebensache. Es ist Voraussetzung für gelingende Beratung.

Belastende Gespräche können dich auch länger begleiten. Vielleicht tauchen sie am Abend wieder auf, im Traum, in einem Gespräch mit Freundinnen und Freunden. Das ist nicht ungewöhnlich. Wichtig ist, dass du auch dann gut für dich sorgst. Sprich darüber. Schreibe darüber. Wechsle bewusst das Thema, den Raum, die Aktivität. Nimm wahr, was da ist. Aber lass es nicht allein in dir wirken. Je früher du belastende Inhalte verarbeitest, desto weniger Kraft kosten sie dich langfristig.

Um dich zu stabilisieren, kann auch eine bewusste Körperwahrnehmung hilfreich sein. Spannungen, Druck oder Enge zeigen sich oft zuerst im Körper. Wenn du regelmäßig lernst, dich in deinem Körper zu verankern, findest du schneller wieder in deine Mitte zurück. Einfache Übungen wie das bewusste Spüren deiner Fußsohlen, ein aufrechter Stand, ein bewusster Atemzug mit der Wahrnehmung des Brustkorbs, helfen dir, dich zu erden. Auch regelmäßige Bewegung, Dehnübungen oder ein kurzer Spaziergang können eine wirksame Strategie sein, um emotional belastende Inhalte aus dem System zu lösen.

Neben der körperlichen Ebene spielt auch dein innerer Dialog eine entscheidende Rolle. Welche Gedanken begleiten dich nach schwierigen Gesprächen? Bist du mit dir selbst freundlich? Oder wirfst du dir vor, nicht genug getan zu haben? Der Umgang mit Belastung beginnt auch mit der Art, wie du mit dir selbst sprichst. Es hilft, bewusst mitfühlende Sätze zu entwickeln, die dich innerlich stärken. Zum Beispiel: Ich habe mein Bestes gegeben. Ich darf jetzt loslassen. Ich bin nicht allein verantwortlich. Ich bin in Kontakt geblieben, das war wertvoll. Solche Sätze schaffen emotionale Entlastung und stärken deine professionelle Identität. Langfristig ist es hilfreich, ein persönliches Repertoire an Entlastungsstrategien zu entwickeln. Was tut dir gut nach einem schweren Fall? Was bringt dich wieder ins Gleichgewicht? Manche Menschen malen, schreiben, machen Musik. Andere suchen bewusst das Gespräch mit vertrauten Menschen oder verbringen Zeit in der Natur. Wieder andere brauchen eher Ruhe, Rückzug und Stille. Es gibt keinen richtigen oder falschen Weg. Wichtig ist, dass du deine eigenen Quellen kennst und sie gezielt nutzt. Denn deine Fähigkeit, mit Belastung umzugehen, ist nicht nur eine Frage der Technik, sondern auch der Beziehung zu dir selbst.

Reflexionsfragen:

- Welche Gespräche oder Inhalte beschäftigen mich länger als mir lieb ist?
- Woran merke ich, dass mich ein Gespräch innerlich zu stark vereinnahmt?
- Welche Rituale helfen mir, nach schwierigen Gesprächen wieder bei mir anzukommen?
- Wie gehe ich mit Gefühlen um, die in mir ausgelöst werden?
- Nutze ich Supervision regelmäßig als Ressource, und wenn nicht, warum nicht?
- Wie kann ich in Zukunft noch bewusster zwischen meiner Rolle und meiner Person unterscheiden?
- Was hilft mir, nach der Arbeit innerlich abzuschalten?
- Welche körperlichen oder kreativen Strategien helfen mir, innere Anspannung zu lösen?

Der Umgang mit belastenden Gesprächen und Fällen erfordert Achtsamkeit, Selbstregulation und professionelle Strukturen. Es ist erlaubt, berührt zu sein. Es ist erlaubt, Pausen zu machen. Es ist erlaubt, sich Hilfe zu holen. Indem du deine Gefühle ernst nimmst, dich klar abgrenzt und für deinen eigenen Ausgleich sorgst, bleibst du langfristig handlungsfähig, authentisch und gesund. Belastende Gespräche müssen nicht zur Last werden. Sie können auch ein Anlass sein, deine eigene Praxis zu vertiefen und deine Fähigkeit zur Selbstführung zu stärken. Wenn du lernst, deine Grenzen zu achten und gleichzeitig empathisch zu bleiben, stärkst du nicht nur dich selbst, sondern auch die Qualität deiner Begleitung.

Der innere Notfallkoffer für stressige Tage

Manche Tage verlangen uns mehr ab als andere. In psychosozialen Berufen gibt es Zeiten, in denen Termine dicht an dicht folgen, Fälle sich häufen und emotionale Anforderungen besonders hoch sind. Gerade dann ist es entscheidend, vorbereitet zu sein. Nicht nur organisatorisch, sondern auch innerlich. Der sogenannte innere Notfallkoffer ist eine Sammlung von Strategien, Gedanken, Übungen und Ressourcen, auf die du in stressigen Momenten zurückgreifen kannst. Er ist kein physischer Koffer, sondern eine innere Haltung der Achtsamkeit und Selbstfürsorge, ein Repertoire an Möglichkeiten, um dich zu stabilisieren, zu stärken und handlungsfähig zu bleiben.

Der innere Notfallkoffer ist individuell. Was dir hilft, ist nicht zwingend das, was anderen hilft. Es geht darum, deine persönlichen Ressourcen zu erkennen, zu pflegen und zugänglich zu machen. Es geht darum, dich selbst in schwierigen Situationen nicht zu verlieren, sondern bewusst Einfluss auf dein Erleben zu nehmen. Der Notfallkoffer enthält keine Zauberlösungen, aber er erinnert dich an deine Fähigkeiten, deine Grenzen und deine Möglichkeiten. Er ist wie eine innere Freundschaft mit dir selbst. In diesem Kapitel wirst du Impulse finden, wie du deinen eigenen Notfallkoffer füllen und im Alltag einsetzen kannst.

Zunächst brauchst du einen Zugang zu dir selbst. In stressigen Momenten reagieren wir oft automatisch. Wir funktionieren, übergehen Bedürfnisse, halten durch. Der erste

Schritt besteht darin, den inneren Zustand überhaupt zu bemerken. Eine einfache Frage hilft dabei: Wie geht es mir gerade, wirklich? Diese Frage kann dir ermöglichen, innezuhalten, durchzuatmen und einen Moment bei dir zu sein. Vielleicht spürst du Anspannung, Druck, Reizbarkeit oder Erschöpfung. Vielleicht merkst du auch, dass du dich gerade zurückziehst oder emotional abschottest. All das sind Hinweise, dass du Unterstützung brauchst, von dir selbst.

Der Notfallkoffer lebt von Vorbereitung. In ruhigen Momenten kannst du dir überlegen, was dir in Stressphasen hilft. Vielleicht hast du bestimmte Sätze, die dich beruhigen. Musikstücke, die dich stärken. Bewegungsformen, die dich erden. Orte, an die du dich innerlich zurückziehen kannst. Bilder, Erinnerungen oder Symbole, die dir Kraft geben. Auch kurze Atemübungen, Körperanker, Rituale oder kleine Pausenstrategien gehören dazu. Je vertrauter dir diese Elemente sind, desto leichter kannst du sie in angespannten Situationen abrufen.

Ein zentrales Element ist der bewusste Atem. In Stressmomenten wird der Atem flach, unregelmäßig oder wird kaum wahrgenommen. Schon ein paar bewusste Atemzüge können helfen, dich zu beruhigen und deine Präsenz zu stärken. Einfache Techniken wie das Zählen der Atemzüge, das längere Ausatmen oder das Spüren des Luftstroms durch die Nase können als Anker dienen. Der Atem ist immer verfügbar. Er ist dein innerstes Werkzeug zur Regulation.

Auch körperliche Impulse können dich unterstützen. Stress speichert sich im Körper. Kurze Dehnübungen, ein

Schulterkreis, bewusstes Gähnen, das Ausschütteln der Arme oder ein kräftiger Bodenkontakt durch die Füße sind einfache Möglichkeiten, um Spannung zu lösen. Du kannst dich innerlich fragen: Was braucht mein Körper gerade? Manchmal ist es Bewegung, manchmal Ruhe, manchmal ein bewusster Wechsel der Haltung. Wenn du lernst, deinen Körper als Ressource zu nutzen, kannst du auf eine Quelle der Stabilität zugreifen, die dir jederzeit zur Verfügung steht.

Neben der körperlichen Ebene ist auch dein innerer Dialog entscheidend. In stressigen Phasen neigen viele dazu, sich selbst zu kritisieren. Sätze wie Ich muss das jetzt schaffen oder Ich darf keine Schwäche zeigen wirken zusätzlich belastend. Es hilft, sich innerlich mitfühlende und unterstützende Botschaften zu geben. Du kannst dir zum Beispiel sagen: Ich mache gerade etwas Schwieriges. Ich darf mich dabei auch schwach fühlen. Ich bin nicht allein. Ich darf mich selbst unterstützen. Diese Art der inneren Sprache wirkt beruhigend, reduziert Druck und fördert deine Selbstwirksamkeit.

Ein weiterer Bestandteil deines Notfallkoffers kann der bewusste Perspektivwechsel sein. Wenn du in einer belastenden Situation steckst, hilft es oft, einen Schritt zurückzutreten und die Lage aus einer anderen Sicht zu betrachten. Was würde ich einer Kollegin raten, die in meiner Situation ist? Welche Möglichkeiten habe ich gerade, um gut für mich zu sorgen? Was ist jetzt wirklich wichtig? Dieser Blick von außen ermöglicht es dir, dich innerlich zu entlasten und neue Handlungsspielräume zu erkennen.

Auch das soziale Netz kann Teil deines Notfallkoffers sein. Gibt es Menschen, mit denen du offen über Belastung sprechen kannst? Kolleginnen, Freunde, Supervisorinnen, mit denen du dich austauschen kannst? Manchmal reicht ein kurzer Satz wie Heute war es besonders herausfordernd oder Ich brauche einen Moment, um dich aus der inneren Anspannung zu lösen. Es geht nicht darum, sofort Lösungen zu finden, sondern Verbindung zu spüren. Du musst nicht alles allein tragen.

Ebenso hilfreich kann es sein, kleine Rituale zu entwickeln, die dich an deine innere Stärke erinnern. Vielleicht beginnst du jeden Arbeitstag mit einem kurzen Moment der Zentrierung. Vielleicht hast du ein Symbol am Arbeitsplatz, das dir Sicherheit gibt. Vielleicht schreibst du dir für stressige Zeiten einen kleinen Brief an dich selbst, den du lesen kannst, wenn du das Gefühl hast, den Boden zu verlieren. Solche Rituale sind wie emotionale Anker, sie helfen dir, dich in dir selbst zu verankern.

Schließlich ist auch Humor ein oft unterschätzter Teil des Notfallkoffers. Lachen, ein humorvoller Gedanke, ein liebevoller Blick auf das eigene Chaos können helfen, Spannung zu lösen. Humor bedeutet nicht, etwas ins Lächerliche zu ziehen, sondern sich selbst mit einer gewissen Leichtigkeit zu betrachten. Gerade in ernsten Situationen kann dieser Aspekt erfrischend und befreiend wirken.

Dein innerer Notfallkoffer kann auch mentale Techniken beinhalten, die dir helfen, belastende Gedanken zu sortieren oder ins Gleichgewicht zu bringen. Dazu gehören zum Beispiel Visualisierungsübungen, bei denen du dir einen sicheren inneren Ort vorstellst, an dem du dich geschützt und getragen fühlst. Auch das mentale Zurück-spulen eines Tages, bei dem du dir noch einmal bewusst machst, was gut gelaufen ist und was du bewältigt hast, kann stabilisierend wirken. Solche inneren Bilder sind wertvolle Werkzeuge, die dir helfen, aus der Stressspirale auszusteigen.

Nicht zu unterschätzen ist auch die Kraft der Sprache. Wörter wirken. Welche Worte verwendest du im inneren Dialog, wenn du unter Druck stehst? Formulierst du deine Gedanken eher in Form von Vorwürfen oder in Form von Ermutigung? Der Wechsel von einem kritischen zu einem mitfühlenden inneren Ton kann entscheidend sein, um aus einem inneren Alarmzustand in eine stärkende Haltung zu finden. Ein bewusst gesprochener Satz wie Ich bin gerade überfordert und darf mir Gutes tun kann mehr bewirken als hundert Gedanken im Kopf.

Neben den Strategien für den Moment sind auch vorbeugende Elemente wichtig. Dein innerer Notfallkoffer enthält nicht nur Erste-Hilfe-Impulse, sondern auch Maßnahmen, die dich langfristig stärken. Ausreichender Schlaf, gesunde Ernährung, regelmäßige Bewegung, inspirierende Gespräche, kleine Freuden im Alltag und eine klare Tagesstruktur tragen dazu bei, dass du weniger anfällig für Überlastung wirst. Selbstfürsorge im Alltag ist wie das Auffüllen eines inneren Energiespeichers, aus dem du in stressigen Zeiten schöpfen kannst.

Manche Menschen integrieren auch spirituelle Elemente in ihren Notfallkoffer. Ein kurzer innerer Gebetsmoment, eine Affirmation, ein Symbol für Vertrauen oder das bewusste Spüren von Dankbarkeit können helfen, sich getragen zu fühlen. Auch Naturerfahrungen, ein Baum, der dich an Beständigkeit erinnert, das Rauschen von Wasser, das dich beruhigt, können starke Quellen innerer Verbundenheit sein. Wichtig ist, dass es für dich stimmig ist. Der Notfallkoffer soll dir entsprechen, nicht irgendeinem Idealbild.

Nicht zuletzt kannst du deinen inneren Notfallkoffer auch in Form eines kleinen physischen Gegenstands gestalten. Manche Menschen legen sich einen echten kleinen Koffer, ein Schächtelchen oder eine Schublade an, in dem Dinge liegen, die sie stärken. Ein Stein aus dem Urlaub, ein Foto, eine Karte mit einem stärkenden Spruch, ein Tuch mit einem vertrauten Duft. Diese kleinen Dinge können helfen, in stürmischen Momenten Halt zu finden und dich daran zu erinnern, dass du Zugang zu inneren Ressourcen hast.

Reflexionsfragen:

- Welche Situationen bringen mich besonders schnell aus dem Gleichgewicht?
- Welche körperlichen oder mentalen Impulse helfen mir in stressigen Momenten?
- Welche inneren Sätze stärken mich, wenn ich unter Druck stehe?
- Welche Rituale oder Gegenstände geben mir Sicherheit?
- Wer in meinem Umfeld kann mir ein gutes Gegenüber sein, wenn ich Unterstützung brauche?
- Was hilft mir, schnell wieder bei mir selbst anzukommen?

- Welche humorvollen Gedanken oder Strategien entlasten mich?
- Wie könnte mein ganz persönlicher innerer Notfallkoffer konkret aussehen?
- Welche vorbeugenden Strategien helfen mir, gar nicht erst in eine Stressspirale zu geraten?
- Welche stärkenden Symbole, Bilder oder Worte möchte ich häufiger nutzen?

Ein innerer Notfallkoffer hilft dir, auch in stürmischen Zeiten handlungsfähig und präsent zu bleiben. Er enthält individuelle Strategien, innere Haltungen und kleine Rituale, die dich stabilisieren, beruhigen und stärken. Durch Atemübungen, Körperimpulse, mitfühlende Selbstgespräche, soziale Unterstützung, bewusste Perspektivwechsel und kleine Symbole der Sicherheit schaffst du dir ein Repertoire, das dir in stressigen Momenten Halt gibt. Der Notfallkoffer ist Ausdruck deiner Selbstfürsorge und deiner Professionalität. Er erinnert dich daran, dass du nicht perfekt, aber wirksam sein darfst. Und dass du es wert bist, dir selbst ein verlässlicher Rückhalt zu sein.

Warum externe Reflexion unerlässlich ist

In der psychosozialen Praxis ist Reflexion kein zusätzlicher Luxus, sondern eine Notwendigkeit. Wer andere Menschen begleitet, braucht Klarheit über die eigenen Motive, Reaktionen und inneren Bewegungen. Diese Klarheit entsteht nicht allein durch Nachdenken, sondern durch strukturierte, professionelle Rückspiegelung. Externe Reflexion meint genau das: einen bewussten, geschützten Raum außerhalb des eigenen Selbst, in dem berufliches Handeln, emotionale Reaktionen und innere Prozesse betrachtet und verstanden werden können. Es geht nicht darum, alles zu analysieren oder zu bewerten, sondern darum, die eigene Haltung, Rolle und Wirksamkeit im beruflichen Tun immer wieder neu zu betrachten. In diesem Kapitel geht es darum, warum externe Reflexion so wichtig ist, welche Formen sie annehmen kann und wie sie zu einer nachhaltigen Ressource der Selbstfürsorge und Professionalisierung wird.

Externe Reflexion beginnt mit dem Eingeständnis, dass wir nicht alles selbst sehen können. So wie ein Spiegel uns hilft, unser Äußeres zu betrachten, braucht es auch Spiegel für das Innere. Wir alle haben blinde Flecken. Wir alle reagieren in bestimmten Mustern, sind geprägt von Erfahrungen, Überzeugungen und Erwartungen. Diese wirken nicht nur im Privatleben, sondern auch im professionellen Handeln. Gerade in der Beratung, im Coaching, in der Therapie oder in der psychosozialen Begleitung ist es essenziell, sich dieser Einflüsse bewusst zu werden. Externe Reflexion ermöglicht es, aus der eigenen

Perspektive auszusteigen, Abstand zu gewinnen und neue Sichtweisen zu entwickeln.

Ein zentrales Element externer Reflexion ist die Beziehung. In der Begegnung mit einem Gegenüber, sei es eine Supervisorin, ein Coach oder eine erfahrene Kollegin, entsteht ein Resonanzraum. In diesem Raum können Dinge gesagt werden, die im Alltag oft keinen Platz haben. Zweifel, Unsicherheiten, Ärger, aber auch Erfolge, Hoffnungen und Sehnsüchte. Der Austausch ist ehrlich, vertraulich und frei von Bewertung. Genau das macht ihn so wertvoll. Er erlaubt, sich selbst differenzierter wahrzunehmen, Rollen zu klären und eigene Handlungsspielräume zu erweitern.

Viele psychosoziale Fachkräfte erleben immer wieder Situationen, in denen sie emotional stark involviert sind. Vielleicht triggert eine Geschichte etwas Eigenes. Vielleicht entsteht eine Überverantwortung oder eine Distanz, die nicht gut tut. Vielleicht kommt es zu Dynamiken, die nicht klar benennbar sind, aber dennoch wirken. In solchen Fällen kann die externe Reflexion helfen, Muster zu erkennen, Übertragungen aufzudecken und die eigene Rolle bewusster zu gestalten. Nicht um zu urteilen, sondern um zu verstehen. Nicht um zu korrigieren, sondern um bewusster zu handeln.

Ein weiterer Aspekt ist die emotionale Entlastung. Wer regelmäßig über belastende Erfahrungen spricht, muss sie nicht mit sich herumschleppen. Der Raum der Reflexion wirkt klärend und entlastend. Er gibt den inneren Prozessen eine Form, eine Sprache, einen Ausdruck. Dadurch sinkt das Risiko von Erschöpfung, innerer Leere oder

Zynismus. Reflexion ist auch Prävention. Sie schützt vor dem schleichenden Verlust der Empathie, vor unbewusster Grenzüberschreitung oder dem Gefühl, nur noch zu funktionieren.

Externe Reflexion bedeutet auch, Feedback zu erhalten. In der Supervision oder im Coaching kannst du Rückmeldungen bekommen, die dich weiterbringen. Wie wirkt dein Verhalten auf andere? Welche Wirkung hat dein Kommunikationsstil? Wie nimmst du Raum ein, wie gibst du ihn frei? Solche Rückmeldungen sind keine Kritik, sondern Angebote zur Weiterentwicklung. Sie fördern die Selbstwahrnehmung, die professionelle Präsenz und die Fähigkeit zur Selbstführung.

Ein oft unterschätzter Gewinn externer Reflexion ist die Verbindung. In einer zunehmend individualisierten Arbeitswelt, in der viele psychosoziale Fachkräfte allein arbeiten oder nur wenig kollegialen Austausch haben, schafft Reflexion Verbundenheit. Sie zeigt: Ich bin nicht allein mit meinen Fragen. Andere erleben Ähnliches. Andere haben Lösungen gefunden, von denen ich lernen kann. Diese Erfahrung stärkt nicht nur, sie motiviert und schafft Vertrauen.

Wichtig ist, dass externe Reflexion nicht nur in Krisen gesucht wird. Sie ist kein Reparaturinstrument, sondern ein kontinuierlicher Bestandteil professionellen Arbeitens. Wer regelmäßig reflektiert, entwickelt ein feineres Gespür für sich selbst, für Dynamiken, für Entwicklungsmöglichkeiten. Reflexion ist ein Ort des Innehaltens, der Klarheit, der Inspiration. Ein Ort, an dem das berufliche Ich genährt wird.

Die Formen externer Reflexion sind vielfältig. Supervision ist die bekannteste. Sie kann einzeln oder in Gruppen stattfinden, regelmäßig oder anlassbezogen. Auch Coaching, Intervision, kollegiale Fallberatung oder begleitete Teambesprechungen sind Formen der Reflexion. Entscheidend ist, dass der Rahmen geschützt ist, dass Vertrauen besteht und dass die Reflexion von einer professionellen Haltung getragen wird. Dazu gehören eine respektvolle Sprache, eine offene Grundhaltung und ein klares Ziel: nicht besser zu werden, sondern bewusster.

Manche Menschen empfinden es zunächst als ungewohnt, sich in einem professionellen Setting so offen zu zeigen. Doch gerade darin liegt eine Chance. Externe Reflexion ist ein Übungsfeld für Offenheit, Selbstfürsorge und Wachstum. Sie fordert Mut, sich zu zeigen, aber sie schenkt auch Tiefe, Verbindung und Entwicklung. Mit der Zeit entsteht eine Haltung, die sich nicht nur auf das Reflexionssetting beschränkt, sondern auch in die alltägliche Arbeit einfließt. Wer gelernt hat, sich in der Reflexion zu zeigen, wird auch in der Beratung authentischer, klarer und souveräner auftreten.

Reflexion ist auch eine Form von Selbstschutz. Sie hilft, Grenzen zu erkennen und zu wahren. Wer sich selbst regelmäßig befragt, wo die eigene Grenze liegt, wo Verantwortung endet und wo eigene Bedürfnisse übergangen werden, wird seltener ausbrennen. Die Reflexion ist ein inneres Frühwarnsystem. Sie zeigt, wo etwas aus dem Gleichgewicht geraten ist. Und sie ermöglicht, rechtzeitig gegenzusteuern.

Auch auf der Ebene der Teamkultur wirkt Reflexion stärkend. Teams, die regelmäßig gemeinsam reflektieren, entwickeln ein größeres Verständnis füreinander, kommunizieren klarer und begegnen sich mit mehr Empathie. Die gemeinsame Reflexion schafft Transparenz, beugt Missverständnissen vor und fördert ein Klima der gegenseitigen Unterstützung. Gerade in stressigen oder konfliktbeladenen Zeiten ist dies ein unschätzbarer Wert.

Externe Reflexion ist letztlich ein Geschenk an dich selbst. Ein Moment der Aufmerksamkeit, der Tiefe und der Orientierung. Ein Raum, in dem du wachsen darfst, ohne leisten zu müssen. Ein Ort, an dem du mit allem da sein darfst – mit deinen Fragen, deinen Zweifeln, deinen Erfahrungen. Dieser Ort braucht keine Perfektion. Er braucht Ehrlichkeit, Präsenz und Vertrauen.

Sie kann aber auch ganz konkrete Handlungsfähigkeit fördern. Wer sich mit belastenden Situationen nicht nur emotional, sondern auch strukturell auseinandersetzt, wird klarer darin, was zu tun ist. Oft entstehen im Außen Handlungsspielräume, wenn im Inneren Ordnung geschaffen wurde. Das bedeutet, dass du durch Reflexion nicht nur mitfühlender, sondern auch entscheidungsfähiger wirst. Du erkennst, welche Intervention sinnvoll ist, wann du dich zurücknehmen solltest oder wo du Unterstützung brauchst. Externe Reflexion stärkt deine Selbstwirksamkeit, weil sie dir zeigt, dass du Einfluss nehmen kannst – auf dich selbst und auf die Situation.

Langfristig bewirkt externe Reflexion auch eine nachhaltige Qualitätssicherung. Gerade im psychosozialen Bereich, wo menschliches Erleben, Kommunikation und

Beziehung zentrale Elemente der Arbeit sind, ist es schwierig, Standards objektiv zu messen. Reflexion bietet hier eine subjektive, aber verbindliche Form der Qualitätssicherung. Indem du regelmäßig überprüfst, wie du arbeitest, was du bewirkst und wie du dich dabei fühlst, sicherst du eine verantwortungsvolle Praxis, die sich weiterentwickelt.

Sie wirkt auch als ethisches Korrektiv. In der Auseinandersetzung mit anderen wirst du auf eigene Wertvorstellungen, Urteile und Haltungen aufmerksam. Du kannst überprüfen, ob dein Handeln mit deinen Werten übereinstimmt, ob du vielleicht unbewusst Macht ausübst oder ob du dich in der Rolle als Helfende:r zu sehr mit deiner eigenen Geschichte verwebst. Diese ethische Klärung macht dich nicht nur professioneller, sondern auch glaubwürdiger. Denn die Reflexion fördert Integrität – das stimmige Zusammenspiel von Innen und Außen.

Ein weiterer Aspekt ist die Förderung von Kreativität. In der Reflexion entstehen neue Ideen, Zugänge und Methoden. Du wirst inspiriert, von deinen Gesprächspartner:innen, durch neue Fragen oder durch den Perspektivwechsel. Kreative Lösungen sind oft ein Produkt von Verlangsamung und Tiefe – beides entsteht im Raum der Reflexion. So wird sie nicht nur zur Entlastung, sondern auch zur Quelle neuer Energie und Gestaltungskraft.

Reflexionsfragen:

- Wann habe ich zuletzt in einem professionellen Rahmen über mein berufliches Handeln reflektiert?
- In welchen Situationen wünsche ich mir mehr Klarheit über meine Rolle oder mein Verhalten?
- Welche Themen belasten mich länger, als mir guttut, und könnte ich sie in der Reflexion anschauen?
- Wie gehe ich mit Kritik oder Feedback um, und was hilft mir, es als Wachstumschance zu nutzen?
- Was hindert mich daran, regelmäßig Supervision oder Coaching in Anspruch zu nehmen?
- Welche Formen externer Reflexion passen zu mir, und welche möchte ich ausprobieren?
- Inwiefern wirkt sich fehlende Reflexion auf meine Arbeit, meine Beziehungen oder mein Wohlbefinden aus?
- Welche Haltung möchte ich gegenüber meiner eigenen Weiterentwicklung einnehmen?
- Wie kann externe Reflexion meine Handlungsfähigkeit und Kreativität im Berufsalltag stärken?
- In welchen Momenten würde mir eine unterstützende Außenperspektive helfen, innere Klarheit zu finden?

Externe Reflexion ist keine Option, sondern ein zentraler Bestandteil professionellen Handelns im psychosozialen Bereich. Sie schafft Klarheit, Entlastung, Entwicklung und Verbindung. Sie hilft, Muster zu erkennen, Emotionen zu regulieren, Rollen zu klären und neue Perspektiven zu gewinnen. In einer Welt, die von Komplexität und Beschleunigung geprägt ist, bietet externe Reflexion einen Ort der Entschleunigung, der Tiefe und des bewussten

Innehaltens. Wer sich diesen Raum nimmt, stärkt nicht nur die eigene Resilienz, sondern auch die Qualität der professionellen Beziehungen. Du darfst dir diesen Raum schenken, nicht erst, wenn es nicht mehr anders geht, sondern regelmäßig, aus Fürsorge für dich selbst und aus Achtung vor der Bedeutung deiner Arbeit. Externe Reflexion bewirkt Orientierung, Ethik, Kreativität und Präsenz, und trägt damit dazu bei, dass deine Arbeit nicht nur funktional, sondern lebendig und sinnerfüllt bleibt.

Ethik und Verantwortung sich selbst gegenüber

In psychosozialen Berufen wird viel über Verantwortung gegenüber Klient:innen, über berufliche Ethik und professionelle Standards gesprochen. Doch was oft zu kurz kommt, ist die Frage nach der Verantwortung sich selbst gegenüber. Dabei ist gerade diese Form von Selbstverantwortung ein zentraler Bestandteil ethischen Handelns. Denn nur wer gut für sich sorgt, kann auf Dauer für andere hilfreich sein. Nur wer sich selbst achtet, kann authentisch und empathisch in Beziehung treten. In diesem Kapitel geht es um die ethische Dimension der Selbstfürsorge, um Grenzen, um Selbstachtung und darum, wie du deiner eigenen Verantwortung gerecht wirst, nicht aus Egoismus, sondern aus professioneller Integrität.

Sich selbst gegenüber verantwortlich zu handeln bedeutet, sich als Mensch mit Bedürfnissen, Grenzen und Würde ernst zu nehmen. Es bedeutet, nicht nur als Funktion in einem System zu existieren, sondern sich selbst als Subjekt wahrzunehmen, das ebenso wichtig ist wie die Menschen, denen es hilft. In einem Umfeld, das häufig von Leistungsdruck, hohen Erwartungen und struktureller Überlastung geprägt ist, braucht es eine bewusste Entscheidung für diese Selbstverantwortung. Sie ist kein Luxus, sondern ein Akt der ethischen Selbstachtung.

Selbstverantwortung zeigt sich nicht erst im Burnout oder wenn Grenzen längst überschritten sind. Sie beginnt im Alltag, in den kleinen Entscheidungen. Nimmst du dir eine Pause, wenn du müde bist? Sagst du Nein, wenn deine Kraft nicht reicht? Suchst du Unterstützung, wenn du nicht weiterweißt? Wie sprichst du innerlich mit dir, wenn du einen Fehler machst? All das sind Fragen, die nicht nur mit Effizienz, sondern mit Ethik zu tun haben. Denn wie du mit dir selbst umgehst, prägt auch deine Haltung anderen gegenüber.

Oft sind es unbewusste Muster, die dich dazu bringen, über deine Grenzen zu gehen. Ein innerer Antreiber, der dir sagt, dass du immer stark sein musst. Ein Glaubenssatz, der dich glauben lässt, dass du nur dann wertvoll bist, wenn du funktionierst. Eine innere Stimme, die dich antreibt, dich aufopfern zu müssen. Diese Muster sind häufig tief verankert und wirken subtil. Sie zu erkennen und zu hinterfragen, ist ein erster Schritt in Richtung Verantwortung für dich selbst.

Verantwortung sich selbst gegenüber bedeutet auch, für das eigene Wohlbefinden zu sorgen. Nicht als Belohnung, sondern als Voraussetzung für gute Arbeit. Das beinhaltet gesunde Ernährung, ausreichend Schlaf, Bewegung, aber auch soziale Kontakte, kreative Impulse und Auszeiten. Es bedeutet, Freude zuzulassen, auch mitten im Arbeitsalltag. Es bedeutet, zu wissen, was dir guttut, und dies nicht ständig zu verschieben oder zu relativieren. Wenn du deine Bedürfnisse ernst nimmst, stärkst du deine Stabilität, deine Präsenz und deine Fähigkeit, klar zu handeln.

Ethik sich selbst gegenüber beinhaltet auch, sich nicht zu überfordern. In einer Kultur, die ständiges Wachstum, Effizienz und Leistung betont, erscheint es fast als Schwäche, langsam zu sein, zu zweifeln oder Hilfe zu brauchen. Doch gerade im psychosozialen Kontext ist es ein Zeichen von Stärke, die eigenen Grenzen zu kennen. Wer ständig über seine Kraft geht, verliert nicht nur sich selbst, sondern auch die Fähigkeit, andere wirklich zu begleiten. Verantwortung sich selbst gegenüber heißt auch, den Mut zu haben, nicht immer verfügbar zu sein.

Ein weiterer Aspekt ist der Umgang mit Fehlern. Niemand arbeitet fehlerfrei, auch nicht in helfenden Berufen. Fehler gehören zum Menschsein. Sie sind Ausdruck unserer Begrenztheit und gleichzeitig eine Chance, uns weiterzuentwickeln. Doch wie gehst du mit dir um, wenn du etwas übersiehst, wenn du in einem Gespräch nicht präsent warst, wenn du eine Grenze nicht ausreichend geschützt hast? Wie reagierst du innerlich, wenn du merkst, dass deine Intervention keine Wirkung zeigt oder du etwas gesagt hast, das du im Nachhinein anders formulieren würdest?

Ethisch mit sich selbst umzugehen heißt, sich auch in solchen Momenten mitfühlend zu begegnen. Es bedeutet, nicht in Selbstverurteilung zu verfallen, sondern in eine Haltung der liebevollen Klarheit zu finden. Du darfst Fehler anerkennen, sie anschauen, daraus lernen, ohne dich dabei abzuwerten. Verantwortung bedeutet nicht Schuld, sondern die Bereitschaft, zu lernen, zu wachsen und den eigenen Weg bewusster weiterzugehen. Es geht darum, sich selbst als Lernende:r zu begreifen, nicht als fertige, fehlerlose Fachperson. Gerade in der Reflexion über Fehler zeigt sich deine Integrität, die Fähigkeit, ehrlich zu sein, dich zu hinterfragen und dir selbst dennoch mit Respekt zu begegnen.

Diese Haltung wirkt sich auch auf deinen Umgang mit anderen aus. Wenn du lernst, dir selbst Fehler zuzugestehen, wirst du auch in der Beziehung zu Klient:innen,

Kolleg:innen oder Mitarbeitenden milder, klarer und unterstützender. Fehler werden dann nicht zu Makeln, sondern zu Lernmomenten, die Verbindung und Entwicklung ermöglichen. Wer sich selbst Fehler verzeihen kann, ohne sie zu bagatellisieren, handelt aus innerer Reife und lebt eine Ethik, die nicht auf Perfektion, sondern auf Menschlichkeit gründet.

Selbstverantwortung zeigt sich auch in der Fähigkeit, sich Hilfe zu holen. Supervision, Therapie, Coaching: all das sind keine Zeichen von Schwäche, sondern von Reife. Wer Verantwortung für sich übernimmt, weiß, dass Entwicklung nicht im Alleingang geschieht. Du musst nicht alles selbst bewältigen. Es ist erlaubt, sich begleiten zu lassen. Es ist erlaubt, Fragen zu haben, zu zweifeln, nicht weiterzuwissen. Genau darin liegt die Kraft professionellen Handelns: im Wissen um die eigene Begrenztheit und in der Entscheidung, trotzdem gut für sich zu sorgen.

Nicht zuletzt ist Verantwortung sich selbst gegenüber auch ein Modell für andere. Wenn du in deiner Praxis offen mit Selbstfürsorge, mit Grenzen, mit Reflexion umgehst, gibst du Klient:innen die Erlaubnis, es auch zu tun. Du wirst glaubwürdiger, authentischer und inspirierst andere, sich selbst ebenso ernst zu nehmen. So wird Selbstverantwortung zu einem Teil deiner professionellen Ethik, nicht als leere Formel, sondern als gelebte Haltung.

Reflexionsfragen:

- Wie gehe ich im Alltag mit meinen eigenen Bedürfnissen um?
- Welche inneren Stimmen treiben mich an, über meine Grenzen zu gehen?
- In welchen Situationen fällt es mir schwer, Verantwortung für mich selbst zu übernehmen?
- Welche konkreten Schritte könnte ich setzen, um besser für mich zu sorgen?
- Wie gehe ich mit mir um, wenn mir ein Fehler passiert?
- Wann habe ich zuletzt Hilfe in Anspruch genommen, und wie hat sich das angefühlt?
- Welche Haltung wünsche ich mir im Umgang mit mir selbst?
- Wie wirkt mein Umgang mit mir auf meine Arbeit mit anderen?

Verantwortung sich selbst gegenüber ist keine Nebensache. Sie ist ein wesentlicher Bestandteil professionellen Handelns im psychosozialen Feld. Sie zeigt sich in der Art, wie du mit dir umgehst, wie du auf deine Grenzen achtest, wie du für dein Wohlbefinden sorgst und wie du dir selbst begegnest, gerade dann, wenn es schwierig wird. Diese Form der Ethik ist nicht nur ein Schutz, sondern auch eine Kraftquelle. Wer gut für sich sorgt, handelt nicht egoistisch, sondern verantwortungsvoll. Du bist nicht nur Werkzeug für andere. Du bist ein Mensch mit Bedürfnissen, Rechten und Würde. Diese Würde zu achten, auch die eigene, ist die tiefste Form professioneller Ethik.

Vorbildwirkung für Klient:innen

In psychosozialen Berufen besteht die professionelle Aufgabe nicht nur darin, Menschen zu begleiten, zu beraten und zu unterstützen. Vieles geschieht auch durch das, was unausgesprochen bleibt. Klient:innen orientieren sich nicht nur an Worten, sondern vor allem an dem, was sie spüren. Sie nehmen wahr, wie du mit dir selbst umgehst, wie du präsent bist, ob du authentisch bleibst, ob du deine eigenen Grenzen kennst und lebst. Die Art, wie du dich selbst behandelst, wird für andere zu einem Modell, bewusst oder unbewusst.

Vorbild sein heißt nicht, perfekt zu sein. Es bedeutet auch nicht, überhöhte Erwartungen an dich selbst zu stellen oder ein Idealbild zu verkörpern, dem niemand gerecht werden kann. Es heißt vielmehr, ehrlich zu sein, stimmig zu handeln und das, was du vermittelst, auch selbst zu leben. Authentizität entsteht nicht durch Fehlerlosigkeit, sondern durch die Übereinstimmung von innerer Haltung und äußerem Verhalten. Klient:innen erleben dich nicht nur als Fachperson, sondern als Mensch. Sie nehmen wahr, ob du in deinem Handeln verkörperst, wovon du sprichst.

Wenn du in deiner Rolle als Berater:in oder Begleiter:in über Selbstfürsorge, Abgrenzung oder emotionale Präsenz sprichst, dann wirkt deine Botschaft nur dann glaubwürdig, wenn du selbst diesen Themen Raum gibst. Das bedeutet, dass du nicht nur darüber redest, wie wichtig Pausen sind, sondern sie dir tatsächlich nimmst. Dass du nicht nur erklärst, wie hilfreich Reflexion ist, sondern dich selbst regelmäßig reflektierst. Dass du nicht nur Verständnis für emotionale Prozesse zeigst, sondern deine eigenen Emotionen anerkennst und mit ihnen umgehen kannst.

Vorbildwirkung bedeutet, dass deine Klient:innen an deinem Beispiel lernen können, ohne dass du sie explizit belehrst. Du wirst zur Projektionsfläche, zur Referenz, zum lebendigen Beweis dafür, dass es möglich ist, in Verbindung mit sich selbst zu sein. Gerade weil du in einer begleitenden Rolle bist, hat dein Verhalten oft mehr Wirkung als deine Worte. Klient:innen spüren intuitiv, ob du etwas lebst oder nur davon sprichst. Diese Sensibilität ist besonders stark in belastenden oder instabilen Lebensphasen, in denen Orientierung gesucht wird. Umso wichtiger ist es, dass du dich in deinem eigenen Alltag als glaubwürdige und stabile Begleiter:in erfahrbar machst.

In der Praxis bedeutet das zum Beispiel: Wenn du über die Bedeutung von Grenzen sprichst, ist es wirksam, wenn du selbst deine eigenen Grenzen respektierst. Wenn du Erschöpfung erkennst, darüber sprichst und dich gleichzeitig dafür einsetzt, dass du selbst ausreichend regenerierst, dann lebst du das, was du weitergibst. Klient:innen beobachten sehr genau, wie du mit dir umgehst. Sie merken, ob du deine Bedürfnisse ernst nimmst, ob du ehrlich bist, ob du dich reflektierst. Und all das wirkt, unabhängig davon, ob es explizit thematisiert wird.

Die Vorbildwirkung entfaltet sich nicht durch Perfektion, sondern durch Kongruenz. Wenn deine Haltung, deine Werte und dein Verhalten übereinstimmen, schaffst du Vertrauen. Menschen, die sich in Krisen befinden oder sich neu orientieren, sind besonders sensibel für

Inkongruenzen. Sie spüren, wenn etwas nicht stimmig ist, auch wenn sie es nicht sofort benennen können. Wenn du hingegen als Mensch erfahrbar bist, der auch eigene Herausforderungen kennt, sich selbst achtsam begegnet und offen bleibt für Entwicklung, dann zeigst du: Es ist möglich, mit sich selbst in Beziehung zu sein, auch ohne alles im Griff zu haben.

Diese Vorbildfunktion hat eine enorme Wirkung auf Veränderungsprozesse. Denn viele Menschen, die psychosoziale Beratung in Anspruch nehmen, haben verinnerlicht, dass sie sich anpassen müssen, dass sie nicht genügen, dass sie sich ständig verbessern müssen. Wenn sie dir begegnen, einer Person, die sich selbst mit Wertschätzung und Klarheit begegnet, die offen mit eigenen Lernprozessen umgeht und gleichzeitig professionell handelt, dann erfahren sie etwas Neues. Sie sehen, dass Selbstannahme und Entwicklung sich nicht ausschließen. Dass man gleichzeitig wachsen und unvollkommen sein darf.

Auch deine Art der Kommunikation ist ein Vorbild. Wie du zuhörst, wie du Fragen stellst, wie du mit Stille umgehst, wie du mit Spannung oder Unsicherheit umgehst, all das wird erlebt und oft unbewusst übernommen. Wenn du in schwierigen Momenten ruhig bleibst, nicht bewertest, nicht sofort Lösungen präsentierst, sondern Raum gibst, dann vermittelst du ein tiefes Vertrauen in den Prozess. Dieses Vertrauen ist oft ansteckend. Es öffnet die Möglichkeit für Klient:innen, sich selbst mit anderen Augen zu betrachten.

Ein zentraler Aspekt deiner Vorbildwirkung ist auch, wie du mit Krisen, Brüchen und Fehlern umgehst. Wenn du offen damit umgehst, dass auch du nicht immer stark bist, dass auch du Zweifel kennst oder dich manchmal überforderst, dann entsteht ein Klima der Echtheit. Menschen fühlen sich verstanden, weil sie merken: Auch helfende Personen sind nicht unfehlbar. Diese Entidealisierung schafft Nähe und ermöglicht es Klient:innen, sich selbst ebenfalls mit mehr Nachsicht und Mitgefühl zu begegnen.

Dabei ist es wichtig, nicht in Rollenkonfusion zu geraten. Deine Offenheit braucht eine klare professionelle Rahmung. Es geht nicht darum, deine Lebensgeschichte auszubreiten, sondern um ein maßvolles, reflektiertes Selbstmitteilen. Du bleibst Begleiter:in, nicht Mitspieler:in. Doch genau diese bewusste Haltung macht deine Authentizität so kraftvoll. Du bist ansprechbar, nahbar, und gleichzeitig klar in deiner Rolle. Diese Balance wirkt stabilisierend und bietet Klient:innen Orientierung.

Nicht zuletzt zeigt sich deine Vorbildfunktion auch in der Art, wie du mit Veränderung umgehst. Wenn du selbst bereit bist, Neues zu lernen, dich weiterzuentwickeln, blinde Flecken anzuerkennen und dich kritisch zu hinterfragen, dann lebst du einen Lernprozess vor, den du auch deinen Klient:innen ermöglichst. Du bist dann nicht jemand, der Lösungen vorgibt, sondern jemand, der inspiriert, durch Haltung, durch Präsenz, durch Menschlichkeit. Und genau darin liegt die größte Wirkung deiner Arbeit.

Deine Lebensweise, deine Sprache, dein Umgang mit Überforderung, deine Präsenz im Raum, deine Körperhaltung – all das kommuniziert etwas. Klient:innen nehmen feinste Signale wahr. Ein Blick, ein Zögern, ein Seufzen, vieles davon wird nicht bewusst interpretiert, aber intuitiv gespürt. Wenn du dir deiner Wirkung bewusst bist, kannst du sie achtsam gestalten. Du wirst zu einer stabilen, nachvollziehbaren Figur, die Sicherheit vermittelt, nicht weil sie alles weiß, sondern weil sie zu sich steht. Diese Sicherheit ist eine wichtige Ressource in Veränderungsprozessen.

Die Vorbildwirkung bezieht sich auch auf deinen Umgang mit Emotionen. Wenn du offen mit eigenen Gefühlen umgehst, ohne sie zu dominieren, wenn du Traurigkeit, Ärger oder Unsicherheit benennst, ohne dich darin zu verlieren, dann zeigst du, dass Gefühle erlaubt sind. Du gibst damit die Erlaubnis, ebenfalls emotional zu sein. Das schafft eine Atmosphäre der Akzeptanz. Besonders Menschen, die gelernt haben, ihre Emotionen zu unterdrücken oder sich dafür zu schämen, erleben das als befreiend. Deine Art, Emotionen zu halten, gibt ihnen einen sicheren Rahmen.

Auch der Umgang mit Erfolg und Misserfolg ist ein wichtiger Aspekt deiner Vorbildfunktion. Wenn du dich über Fortschritte ehrlich freuen kannst, ohne dich zu überhöhen, wenn du bei Rückschlägen reflektierst, ohne dich zu entwerten, dann vermittelst du eine Haltung, die realistisch, lebendig und menschlich ist. Du zeigst, dass Entwicklung kein linearer Weg ist, sondern ein Prozess mit Höhen und Tiefen. Das ist gerade für Klient:innen hilfreich, die mit Selbstwertproblemen, Leistungsdruck oder Perfektionsansprüchen kämpfen.

Reflexionsfragen:

- Welche Werte leiten mein professionelles Handeln, und lebe ich sie auch im Alltag?
- In welchen Momenten bin ich für Klient:innen besonders glaubwürdig und präsent?
- Welche meiner Verhaltensweisen könnten Klient:innen als Vorbild erleben?
- Wie gehe ich mit meiner eigenen Unvollkommenheit um, und was lernen andere dadurch?
- Wo gibt es in meinem Verhalten Inkongruenzen zwischen Anspruch und Wirklichkeit?
- Was möchte ich in meinem beruflichen Alltag verändern, um stimmiger zu handeln?
- Welche Botschaft vermittle ich, bewusst oder unbewusst, durch mein Auftreten und mein Selbstbild?
- Wie kann ich meine eigene Entwicklung so gestalten, dass sie auch anderen Orientierung gibt?
- Welche Rolle spielen meine Körperhaltung, Stimme und Ausstrahlung im Beratungsprozess?
- Inwiefern wirkt meine Art, mit Emotionen umzugehen, regulierend oder verstärkend auf mein Gegenüber?

Dein professionelles Handeln ist mehr als das, was du sagst. Es ist das, was du lebst. Deine Haltung, dein Umgang mit dir selbst, deine Art zu kommunizieren und zu reflektieren wirken als Vorbild für Klient:innen. Du bist nicht deshalb ein Vorbild, weil du fehlerfrei bist, sondern weil du ehrlich, präsent und in Entwicklung bist. Diese Echtheit schafft Vertrauen, inspiriert Veränderung und ermöglicht Klient:innen, neue Zugänge zu sich selbst zu finden. Wenn du dich selbst ernst nimmst, mitfühlend begleitest und deine Grenzen achtest, dann öffnest du auch anderen den Raum, es dir gleichzutun. So wird deine professionelle Haltung zur Einladung, nicht durch Worte, sondern durch gelebte Authentizität.

Selbstfürsorge kultivieren und vorleben

Selbstfürsorge ist weit mehr als ein gelegentliches Wellnessritual oder ein Pausenmoment nach einer stressigen Woche. Sie ist eine Haltung, ein inneres Prinzip, das in allen Bereichen des Lebens wirksam wird. Wer in der psychosozialen Beratung tätig ist, kennt die Anforderungen: emotionale Präsenz, Mitgefühl, Aushalten von Unsicherheit, Klarheit in der Kommunikation, Grenzen wahren und dabei stets ein offenes Ohr behalten. Diese Aufgaben lassen sich nicht dauerhaft mit hoher Qualität erfüllen, wenn Selbstfürsorge nicht als tragende Grundhaltung verinnerlicht ist.

Selbstfürsorge kultivieren bedeutet, einen bewussten, achtsamen Umgang mit den eigenen Bedürfnissen, Grenzen, Ressourcen und Werten zu entwickeln. Es bedeutet, innezuhalten und regelmäßig zu fragen: Wie geht es mir gerade? Was brauche ich wirklich? Wo gebe ich zu viel? Wo ziehe ich mich zurück, obwohl ich Nähe brauche? Selbstfürsorge ist nicht egoistisch. Sie ist die Voraussetzung dafür, dass du langfristig handlungsfähig, präsent und empathisch bleiben kannst. Wer sich selbst gut hält, kann auch andere gut halten.

Diese Haltung muss jedoch kultiviert werden. Sie entsteht nicht automatisch, besonders dann nicht, wenn du aus einem sozialen oder pädagogischen Beruf kommst, in dem Helfen und Für-andere-da-sein tief verankerte Werte sind. Viele Fachkräfte sind es gewohnt, sich zurückzustellen, ihre eigenen Bedürfnisse hintanzustellen und für andere stark zu sein. Doch Selbstfürsorge ist kein Gegensatz zur Fürsorge für andere. Im Gegenteil: Nur wer sich selbst fürsorglich begegnet, kann Fürsorge glaubwürdig leben.

Das Kultivieren von Selbstfürsorge beginnt mit dem Erkennen der eigenen Muster. Welche inneren Antreiber wirken in dir? Welche Überzeugungen stehen deiner Selbstfürsorge im Weg? Vielleicht glaubst du, dass du immer verfügbar sein musst. Oder dass du nur dann etwas wert bist, wenn du viel leistest. Vielleicht fällt es dir schwer, Nein zu sagen oder dich zurückzuziehen, weil du befürchtest, andere zu enttäuschen. Diese inneren Haltungen wollen gesehen, anerkannt und bewusst verändert werden. Erst wenn du dir erlaubst, für dich selbst einzustehen, kann echte Selbstfürsorge wachsen.

Ein weiterer Schritt besteht darin, Selbstfürsorge konkret im Alltag zu verankern. Es braucht nicht die große Auszeit oder das perfekt durchgeplante Selbstfürsorgeprogramm. Es geht vielmehr um die vielen kleinen Entscheidungen, die du täglich triffst. Höre ich auf meinen Körper, wenn er müde ist? Gönne ich mir Pausen, auch wenn der Kalender voll ist? Spreche ich offen über meine Bedürfnisse, auch wenn es unbequem ist? Schaffe ich mir Zeiten, in denen ich nichts leisten muss? Diese Entscheidungen sind Ausdruck deiner Haltung zu dir selbst.

Selbstfürsorge bedeutet auch, dich selbst ernst zu nehmen, nicht nur als Funktionsträger:in, sondern als Mensch mit Emotionen, Grenzen und Bedürfnissen. Es heißt, dich selbst so anzuerkennen, wie du deine Klient:innen anerkennst: mit Empathie, Respekt und liebevoller Klarheit. Du bist nicht nur Werkzeug in einem professionellen Prozess, du bist ein fühlender Mensch, der in Beziehung tritt.

Diese Menschlichkeit verdient Achtsamkeit und Fürsorge. Du darfst dir selbst das geben, was du anderen gibst.

Ein oft übersehener Aspekt ist dabei die symbolische Wirkung der Selbstfürsorge. Wenn du Selbstfürsorge vorlebst, sendest du eine Botschaft aus, an deine Klient:innen, dein Umfeld, deine Kolleg:innen. Du zeigst, dass es erlaubt ist, auf sich zu achten. Dass es legitim ist, sich zu schützen. Dass Fürsorge für sich selbst keine Schwäche, sondern eine Kompetenz ist. In einer Gesellschaft, die Selbstoptimierung und Produktivität oft über alles stellt, ist diese Haltung ein Akt der Selbstachtung und eine Form stiller Widerständigkeit.

Vorleben heißt nicht, ein perfektes Beispiel zu sein. Es heißt, deine Grenzen zu kennen, sie zu respektieren und sie auch mitzuteilen. Es bedeutet, zu sagen: Heute brauche ich eine Pause. Oder: Ich habe gerade keine Kapazität für ein zusätzliches Projekt. Oder: Ich merke, dass mir dieses Gespräch zu nahegeht, ich brauche einen Moment für mich. Diese Form des Vorlebens wirkt stärker als jede theoretische Erklärung. Sie lädt andere dazu ein, ebenfalls achtsamer mit sich umzugehen.

Selbstfürsorge braucht Rituale. Wiederkehrende, nährende Handlungen, die deinem Tag Struktur geben. Das kann ein kurzer Moment der Stille am Morgen sein, ein Spaziergang in der Mittagspause, das bewusste Ausschalten des Handys nach Feierabend, eine Reflexionsfrage am Abend. Diese Rituale wirken wie Anker. Sie geben Halt, Verbindung und Orientierung, gerade dann, wenn der Alltag fordernd wird. Sie erinnern dich daran, dass du es wert bist, dir selbst Raum zu geben.

Auch das Gespräch über Selbstfürsorge ist Teil ihrer Kultivierung. Wenn du mit Kolleg:innen über deine Strategien sprichst, wenn du im Teamraum nicht nur über Klient:innen, sondern auch über deine eigene Balance redest, dann trägst du zu einer Kultur bei, in der Selbstfürsorge normal wird. Sie ist dann nicht mehr das stille Rückzugsprojekt, sondern Teil eines gemeinsamen professionellen Selbstverständnisses. Eine Kultur der Selbstfürsorge wirkt entlastend, verbindend und stärkend.

Langfristig bedeutet das Kultivieren und Vorleben von Selbstfürsorge auch, Verantwortung für das eigene Berufsleben zu übernehmen. Es geht nicht darum, dich zu perfektionieren, sondern dir eine Arbeitspraxis zu gestalten, die dich nährt, dich fordert, aber nicht überfordert, die dir Entwicklung ermöglicht, ohne dich auszubrennen. Das braucht Reflexion, Mut zur Veränderung, und manchmal auch klare Entscheidungen. Denn Selbstfürsorge heißt auch, sich selbst treu zu bleiben.

Diese Haltung ist nicht nur im beruflichen, sondern auch im privaten Leben von Bedeutung. Wenn du lernst, dich selbst mit derselben Freundlichkeit zu behandeln, mit der du anderen begegnest, verändert sich dein gesamtes Beziehungserleben. Du wirst weicher im Urteil über dich, klarer in deiner Kommunikation, und du entwickelst ein Gespür dafür, wann und wie du auftanken musst. Selbstfürsorge ist dann nicht mehr eine Reaktion auf Überlastung, sondern eine präventive Grundhaltung, die dein gesamtes Handeln durchzieht.

Auch dein Körper wird zum Spiegel deiner Fürsorgepraxis. Wie du dich bewegst, atmest, wie du mit Stress umgehst oder dich nährst, zeigt sich nicht nur in deinem Wohlbefinden, sondern auch in deiner Ausstrahlung. Menschen, die gelernt haben, gut für sich zu sorgen, wirken oft zentrierter, präsenter und authentischer. Diese Wirkung ist nicht inszeniert, sondern das Ergebnis gelebter Selbstverbindung. Es ist spürbar, ob jemand in sich ruht oder sich permanent selbst antreibt.

Zudem kann Selbstfürsorge ein kreativer Akt sein. Sie lädt dich dazu ein, herauszufinden, was dir wirklich Freude macht, was dich inspiriert und erfüllt. Vielleicht ist es Musik, vielleicht das Schreiben, vielleicht ein Austausch mit Gleichgesinnten oder ein regelmäßiger Rückzugsort in der Natur. Wenn du diese Quellen kennst und pflegst, entsteht ein innerer Reichtum, der dich trägt – auch in schwierigen Phasen. Selbstfürsorge wird so zur Lebenskunst, zur bewussten Gestaltung eines Alltags, der deiner inneren Wahrheit entspricht.

Reflexionsfragen:

- Welche Gewohnheiten in meinem Alltag fördern oder behindern meine Selbstfürsorge?
- Welche inneren Überzeugungen stehen meiner Selbstfürsorge im Weg?
- In welchen Situationen fällt es mir besonders schwer, auf meine Bedürfnisse zu achten?
- Welche kleinen Rituale kann ich einführen, um Selbstfürsorge im Alltag zu verankern?
- Wie gehe ich mit mir selbst um, wenn ich über meine Grenzen gegangen bin?
- Welche Botschaft sende ich an andere durch meinen Umgang mit mir selbst?

- Wie kann ich meine Selbstfürsorge auch im beruflichen Kontext thematisieren und vorleben?
- Was bedeutet es für mich ganz persönlich, für mich selbst gut zu sorgen?
- Welche kreativen Ressourcen nähren mich, und wie oft nutze ich sie?
- Wie kann ich meine körperliche Selbstwahrnehmung stärken, um frühzeitig Überforderung zu erkennen?

Selbstfürsorge zu kultivieren und vorzuleben ist keine Nebensache. Es ist ein zentraler Teil deiner professionellen Identität und zugleich eine Haltung, die dein Leben insgesamt bereichert. Wenn du gut für dich sorgst, gestaltest du nicht nur deine Arbeit gesünder und nachhaltiger, sondern wirkst auch auf dein Umfeld. Du wirst zum Vorbild, nicht weil du alles im Griff hast, sondern weil du achtsam, ehrlich und menschlich mit dir umgehst. Selbstfürsorge ist eine Haltung, die du lernen, vertiefen und weitergeben kannst. Tag für Tag, in kleinen Schritten und mit großer Wirkung. Sie verbindet Fürsorge mit Freiheit, Verantwortung mit Selbstachtung und Alltag mit Lebendigkeit.

Eigene Rituale und Routinen entwickeln

Rituale und Routinen sind tragende Strukturen in einem Alltag, der von Komplexität, Anforderungen und ständiger Veränderung geprägt ist. Sie geben Halt, Rhythmus und Orientierung. In psychosozialen Berufen, in denen emotionale Präsenz, Flexibilität und hohe Selbststeuerung gefordert sind, können persönliche Rituale und Routinen zu einer kraftvollen Ressource werden. Sie helfen dabei, Stabilität aufzubauen, Selbstfürsorge zu verankern und innere Klarheit zu bewahren.

Routinen werden oft unterschätzt. Sie wirken still, aber nachhaltig. Sie schaffen Verlässlichkeit inmitten von Unsicherheit. Sie sind wie ein inneres Gerüst, das trägt, wenn alles andere ins Wanken gerät. Ihre Kraft liegt in der Wiederholung, in der leisen Beständigkeit, mit der sie den Tag strukturieren. Besonders in Zeiten von Stress, emotionaler Überforderung oder diffusen Anforderungen bieten sie eine verlässliche Ordnung, die nicht von außen kommt, sondern von innen gewachsen ist. Diese Ordnung wirkt nicht einengend, sondern klärend. Sie nimmt dir Entscheidungen ab, schenkt dir Klarheit und ermöglicht dir, deine Energie gezielter zu nutzen.

Rituale hingegen haben eine symbolische Dimension. Sie sind Handlungen mit Bedeutung. Sie verbinden dich mit dir selbst und mit deinen Werten. Wenn du dir am Morgen mit Achtsamkeit einen Tee zubereitest, ist das mehr als eine körperliche Handlung. Es ist ein Akt der Selbstverbindung. Ein Moment, in dem du dir selbst begegnest. Es ist eine stille Botschaft an dich: Ich bin wichtig. Ich nehme mich wahr. Ich starte diesen Tag nicht im Autopilot, sondern mit einem bewussten Schritt zu mir. Solche kleinen Rituale markieren Übergänge, vom Schlaf in den Tag, vom Tun ins Spüren, vom Außen ins Innen. Und sie eröffnen dir die Möglichkeit, dich immer wieder selbst zu verankern, bevor du dich dem Leben zuwendest.

Routinen und Rituale sind kein Luxus, sondern eine Form der aktiven Selbstgestaltung. Sie ermöglichen es dir, Einfluss auf deinen Alltag zu nehmen. Gerade in Berufen mit hoher emotionaler Belastung sind sie ein Weg, das eigene Erleben zu strukturieren. Sie helfen dir, Übergänge bewusst zu gestalten, vom Beruflichen ins Private, vom angespannten Gespräch zur Erholung, vom Denken ins Fühlen. Indem du bestimmte Abläufe regelmäßig und bewusst vollziehst, schaffst du dir Ankerpunkte, die dir Orientierung geben.

Ein Morgenritual kann dir helfen, dich zu zentrieren, bevor du in den Tag startest. Vielleicht ist es ein Moment der Stille, ein paar Atemzüge am offenen Fenster, das Schreiben eines kurzen Satzes, der dich an deine Haltung erinnert. Wichtig ist nicht, was du tust, sondern wie bewusst du es tust. Das Ritual ist eine Einladung an dich, dir selbst Raum zu geben, bevor du dich anderen zuwendest. Es ist ein Zeichen der Selbstachtung.

Auch kleine Routinen im Arbeitsalltag können entlastend wirken. Eine bewusste Mittagspause, ein kurzer Check-in mit dir selbst nach einem anspruchsvollen Gespräch, das Schließen der Bürotür für fünf Minuten – all das sind Möglichkeiten, dich zu regulieren. Wenn du dir solche Inseln schaffst, verminderst du das Risiko, dich zu verlieren. Du bleibst in Kontakt mit dir. Du schaffst Übergänge, die dich schützen und stärken. Gerade in der psychosozialen Arbeit, in der du oft mit schweren Themen, intensiven Emotionen und hohen Erwartungen konfrontiert bist, kann das bewusste Integrieren solcher Mikro-Routinen entscheidend sein. Sie helfen dir, innerlich umzuschalten, durchzuatmen und wieder bei dir selbst anzukommen. Ein kurzer Moment, in dem du dich streckst, die Augen schließt oder dir eine stärkende Botschaft zuflüsterst, kann dich daran erinnern, dass du mehr bist als dein Tun. Diese kleinen Handlungen wirken wie unsichtbare Schutzräume, die du dir selbst errichtest – mitten im Trubel des Alltags. Sie sind Ausdruck von Selbstachtung und von professioneller Verantwortung zugleich. Denn nur wer sich selbst nicht verliert, kann anderen wirklich Halt geben.

Abendrituale helfen, den Tag bewusst abzuschließen. In der psychosozialen Arbeit ist es oft schwierig, wirklich Feierabend zu machen. Gedanken an Klient:innen, offene Prozesse oder eigene Gefühle können nachwirken. Ein einfaches Ritual, das bewusste Schreiben eines Abschlusssatzes, das Schließen des Kalenders, das Aufräumen des Arbeitsplatzes, kann ein symbolischer Akt sein, der das Ende markiert. Es ist wie ein inneres Türschließen. Damit der nächste Tag wieder neu beginnen darf.

Die Wirkung von Ritualen liegt nicht in ihrer äußeren Form, sondern in der inneren Haltung. Wenn du mit Bewusstheit, Wiederholung und Sinnhaftigkeit etwas tust, wirkt es stabilisierend. Rituale schaffen Sicherheit, weil sie vorhersehbar sind. Sie geben dir ein Gefühl von Kontrolle in einem oft unkontrollierbaren Alltag. Und sie helfen dir, dich immer wieder zu verankern, in deinem Körper, in deinem Atem, in deiner Gegenwärtigkeit.

Es lohnt sich, persönliche Rituale bewusst zu entwickeln. Was tut dir gut? Welche Handlungen geben dir Kraft? Welche Übergänge möchtest du klarer gestalten? Vielleicht möchtest du ein Willkommensritual für deinen Arbeitstag etablieren, in dem du bewusst deinen Raum betrittst, dich mit deiner Haltung verbindest oder dir einen stärkenden Satz sagst. Vielleicht möchtest du nach jedem Beratungsgespräch eine Minute still sitzen, um wieder bei dir anzukommen. Vielleicht hilft dir ein kurzer Spaziergang nach der Arbeit, um den Tag loszulassen.

Routinen helfen dir auch, Entscheidungen zu entlasten. Wenn bestimmte Abläufe klar sind, musst du nicht jedes Mal neu überlegen. Das schafft Kapazitäten für komplexe Aufgaben. Gerade in fordernden Arbeitsphasen kann es sehr entlastend sein, sich auf eingeübte Routinen verlassen zu können, anstatt jede Handlung neu durchdenken zu müssen. Du sparst dadurch Energie, die du für die wirklich wichtigen Herausforderungen brauchst. Gleichzeitig geben dir Routinen Struktur, besonders dann, wenn du unter Druck gerätst oder dich im Chaos des Alltags verlierst. Sie sind wie ein inneres Geländer, das du greifen kannst, wenn es hektisch wird. Sie erinnern dich daran, dass du nicht vollständig fremdgesteuert bist, sondern Gestaltungsspielraum hast, auch im Kleinen. Diese Erinnerung an deinen Handlungsspielraum ist gerade in Momenten der Überforderung kostbar. Sie vermittelt dir Selbstwirksamkeit und Handlungssicherheit. Und sie stärkt dein Vertrauen darin, dass du Einfluss auf dein Erleben und dein Wohlbefinden nehmen kannst. So werden

Routinen zu einem unsichtbaren, aber kraftvollen Instrument für Selbstregulation und Stabilität.

Rituale sind auch eine Möglichkeit, dich mit deinen Werten zu verbinden. Vielleicht möchtest du zu Beginn jeder Woche kurz innehalten und dich fragen: Wofür möchte ich stehen? Welche Qualität möchte ich in meine Arbeit bringen? Was brauche ich, um präsent und verbunden zu bleiben? Solche Reflexionsrituale helfen dir, dich nicht zu verlieren. Sie bringen Tiefe in deinen Alltag. Und sie nähren deine Motivation von innen heraus.

Auch im Team können Rituale kraftvoll wirken. Gemeinsame Startmomente, regelmäßige Feedbackrunden, ein bewusst gestaltetes Ende von Meetings: all das schafft Verbindung, Struktur und Klarheit. Wenn Teams Rituale etablieren, entsteht oft eine Kultur der Achtsamkeit. Es geht nicht um starre Regeln, sondern um geteilte Bedeutung. Um Momente, die das Menschliche sichtbar machen. Und um Handlungen, die das Miteinander stärken.

Rituale sind besonders wirksam, wenn sie bewusst etabliert und regelmäßig gepflegt werden. Es reicht nicht, sie einmal auszuprobieren. Ihre Wirkung entfalten sie erst durch Wiederholung. Wenn du deine Rituale zu festen Bestandteilen deines Tages machst, entwickeln sie eine eigene Kraft. Sie werden zu Ankerpunkten, zu sicheren Häfen im Fluss deines Alltags.

Routinen und Rituale verändern dein Zeiterleben. Sie machen aus Momenten Bedeutung. Sie schaffen Inseln der Verlangsamung in einem oft schnellen Alltag. Sie holen dich ins Hier und Jetzt. Und sie erinnern dich daran, dass du mehr bist als deine Aufgaben. Dass du Mensch bist, mit Bedürfnissen, mit Tiefe, mit einem inneren Raum, der gepflegt werden will.

Reflexionsfragen:

- Welche Rituale oder Routinen begleiten mich bereits – bewusst oder unbewusst?
- Welche Übergänge in meinem Alltag erlebe ich als herausfordernd und wie könnte ich sie ritualisieren?
- Welche kurzen Handlungen helfen mir, mich zu zentrieren, zu entspannen oder loszulassen?
- Welche Bedeutung haben Rituale für mich persönlich – in meinem beruflichen wie privaten Leben?
- Welche Rituale wünsche ich mir, um besser auf mich achten zu können?
- Wie kann ich bestehende Routinen achtsamer und wirkungsvoller gestalten?
- Welche Rituale oder Routinen möchte ich im Team anregen oder teilen?
- Wie kann ich meine Werte und meine Haltung durch Rituale im Alltag sichtbar machen?
- Welche kleinen Rituale kann ich spontan einsetzen, wenn ich merke, dass ich mich verliere?
- Wie kann ich mich motivieren, Rituale auch dann beizubehalten, wenn es stressig wird?

Eigene Rituale und Routinen zu entwickeln ist ein zentraler Aspekt professioneller Selbstfürsorge. Sie geben Struktur, Halt und Orientierung. Sie helfen, Übergänge bewusst zu gestalten, Ressourcen zu aktivieren und die eigene Haltung zu verankern. Rituale sind nicht nur Handlungen, sie sind gelebte Symbole für Achtsamkeit, für Verbundenheit und für Selbstrespekt. Wenn du deinen Alltag mit sinnvollen, persönlichen Ritualen gestaltest, stärkst du nicht nur deine Stabilität, sondern auch deine Präsenz, deine Tiefe und deine Freude an deiner Arbeit. Es lohnt sich, diesen Raum bewusst zu kultivieren. Rituale erinnern dich daran, wer du bist, jenseits der Rollen, die du erfüllst. Sie sind stille Begleiter, die dir erlauben, du selbst zu sein. Im Alltag, in der Arbeit, im Leben.

Die Rolle von Spiritualität und Sinnfragen

Nicht alles, was Kraft gibt, lässt sich messen. Und nicht alles, was trägt, ist greifbar. Inmitten beruflicher Herausforderungen und persönlicher Belastungen kann die Auseinandersetzung mit Fragen nach Sinn, Werten und einer tieferen Bedeutung des Lebens zu einer stabilisierenden Kraftquelle werden. Spiritualität, im weitesten Sinne verstanden, bietet vielen Menschen Halt, Orientierung und eine innere Verankerung. Dabei geht es nicht um religiöse Dogmen oder esoterische Praktiken, sondern um eine persönliche Suche nach dem, was größer ist als der eigene Alltag. Und genau hier liegt ein großer, oft unterschätzter Beitrag zur Selbstfürsorge.

Menschen, die mit existenziellen Themen arbeiten, werden immer wieder mit Fragen konfrontiert, auf die es keine schnellen oder eindeutigen Antworten gibt. Warum leiden Menschen? Warum trifft es die einen so hart und andere kaum? Was ist der Sinn hinter einer Krise? Solche Fragen drängen sich nicht nur in der Arbeit mit Klient:innen auf, sondern oft auch im eigenen Inneren. Wer sich ihnen bewusst stellt, wer einen inneren Umgang damit findet, stärkt nicht nur die eigene seelische Gesundheit, sondern auch die eigene Haltung im Kontakt mit anderen.

Spiritualität kann sich in vielen Formen zeigen. Für manche ist es das stille Gebet, für andere ein Spaziergang im Wald, das Lauschen auf die eigene Intuition oder ein Moment der Stille inmitten des Trubels. Sie ist kein festgelegter Weg, sondern ein individueller Zugang zu etwas, das trägt, wenn Worte fehlen und rationale Erklärungen nicht mehr weiterhelfen. Sie lädt dazu ein, sich mit dem eigenen Innersten zu verbinden, sich als Teil eines größeren Ganzen zu erleben und damit eine Perspektive einzunehmen, die über das tägliche Funktionieren hinausreicht.

Auch Sinnfragen sind kein intellektuelles Luxusproblem, sondern zutiefst menschlich. Wer in belastenden Situationen noch weiß, wofür er oder sie etwas tut, kann besser durchhalten. Wer seine Arbeit mit persönlichen Werten verbinden kann, spürt mehr Zufriedenheit und innere Klarheit. Viktor Frankl, Begründer der Logotherapie, betonte, dass Sinn ein Grundbedürfnis des Menschen ist, gerade in schwierigen Zeiten. Wenn Menschen erfahren, dass ihr Handeln Bedeutung hat, wird selbst anstrengende Arbeit leichter.

Im Kontext psychosozialer Arbeit bedeutet das: Wenn du für dich geklärt hast, was dich trägt, wofür du stehst und was dir wesentlich ist, kannst du dich innerlich stabiler fühlen. Du wirst weniger anfällig für äußere Bewertungen, kannst Rückschläge besser einordnen und findest schneller zurück zu dir selbst. Selbstfürsorge bedeutet dann nicht nur, gut für Körper und Psyche zu sorgen, sondern auch für deine spirituelle Dimension. Diese kann ganz unterschiedlich gelebt werden, ohne religiöse Bindung, ohne äußeres Bekenntnis, aber mit innerer Tiefe.

Spiritualität kann auch darin bestehen, den Tag mit einem Moment der Dankbarkeit zu beginnen oder in schwierigen Momenten innezuhalten und bewusst zu atmen. Es kann ein innerer Dialog sein, ein Nachsinnen über Fragen, die größer sind als der aktuelle Konflikt. Auch in professionellen Settings kann Spiritualität Raum finden, ohne aufdringlich zu sein, etwa indem du deinen Klient:innen zuhörst, wenn sie von ihrem Glauben oder ihrer Sinnsuche erzählen, und diesen Raum respektvoll hältst, ohne ihn zu bewerten oder zu instrumentalisieren.

Wichtig ist, dass Spiritualität nicht instrumentalisiert wird. Sie ist kein Werkzeug der Selbstoptimierung und keine Ersatzstrategie für professionelle Begleitung. Aber sie kann ergänzen, vertiefen, stützen. Sie kann dir Räume öffnen, in denen du dich aufgehoben fühlst, auch wenn sonst vieles unsicher ist. Sie kann dir Worte geben für das, was dich bewegt, oder dich still begleiten, wenn Worte fehlen.

Wer sich auf Sinnfragen einlässt, begegnet auch sich selbst. Es ist ein Weg der Auseinandersetzung, der nicht immer bequem ist, aber immer ehrlich. Denn Werte und Überzeugungen fordern uns heraus, uns klar zu positionieren. Und genau das gibt Orientierung, gerade dann, wenn äußere Strukturen wackeln. Inmitten von Komplexität und Wandel kann eine bewusste spirituelle Haltung ein innerer Anker sein.

Gerade in krisenhaften Zeiten zeigt sich oft, wie tragfähig unser inneres Weltbild ist. Menschen, die sich regelmäßig mit Sinnfragen auseinandersetzen, erleben Herausforderungen nicht unbedingt als weniger schmerzhaft, aber oft als besser einordenbar. Sie finden eine Bedeutung selbst in Verlusten oder Brüchen. Sie fragen nicht nur „Warum ich?", sondern auch „Wozu?", eine kleine Verschiebung in der Perspektive, die große Auswirkungen haben kann.

Selbstfürsorge bedeutet in diesem Kontext auch, sich mit der eigenen Endlichkeit auseinanderzusetzen. Wer sich bewusst macht, dass das Leben nicht unendlich ist, lebt oft bewusster, entschiedener und wertschätzender. Spiritualität kann helfen, mit der Angst vor Verlust, Krankheit oder Tod umzugehen. Sie kann trösten, verbinden, Sinn stiften, jenseits jeder konfessionellen Ausprägung. Sie darf zweifelnd, suchend, individuell sein.

Für die Selbstfürsorge heißt das konkret: Gönn dir Momente der Stille. Frage dich nicht nur, wie es dir geht, sondern auch, was dir Sinn gibt. Finde deine Rituale, deine Räume des Innehaltens, deine Kraftquellen. Rede mit anderen darüber, wenn du magst, aber bleib dir dabei treu. Spiritualität ist etwas Persönliches. Aber sie darf auch geteilt werden. Und manchmal entsteht gerade in dieser geteilten Tiefe eine besondere Form von Verbundenheit.

Sich mit Spiritualität und Sinn zu beschäftigen, ist kein Rückzug aus der Welt, sondern ein bewusster Schritt hinein in ein tieferes Leben. Es stärkt dich für den Alltag, weil es dir zeigt, dass du mehr bist als deine Rolle, mehr als deine Funktion. Es erinnert dich daran, dass du ein Mensch bist, mit Fragen, Sehnsüchten und dem Bedürfnis nach Bedeutung.

Reflexionsfragen

- Was gibt deinem Leben Sinn, auch unabhängig von deiner Arbeit?
- Welche inneren Überzeugungen tragen dich in schwierigen Zeiten?
- Welche Werte sind dir so wichtig, dass du sie auch unter Druck nicht aufgeben würdest?
- Welche persönlichen Rituale oder spirituellen Praktiken nähren dich?
- In welchen Momenten spürst du Verbundenheit, mit dir selbst, mit anderen oder mit etwas Größerem?
- Gibt es spirituelle oder philosophische Texte, Symbole oder Orte, die dich stärken?
- Wie gehst du mit Sinnkrisen um, bei dir selbst oder bei anderen?
- Was bedeutet Spiritualität für dich persönlich, jenseits von Religion oder Dogma?
- Was könnte dir helfen, spirituelle Aspekte bewusster in deinen Alltag zu integrieren?
- Mit wem könntest du über deine Sinnfragen oder spirituellen Erfahrungen vertrauensvoll sprechen?

Spiritualität und Sinnfragen sind kraftvolle Ressourcen für die Selbstfürsorge. Sie helfen, die eigene Arbeit mit inneren Werten zu verbinden, geben Orientierung in schwierigen Zeiten und ermöglichen einen tieferen Zugang zu sich selbst. Dabei geht es nicht um Religion oder Esoterik, sondern um individuelle Wege, dem Leben Bedeutung zu geben. Wer sich mit Sinnfragen beschäftigt, stärkt seine innere Haltung und findet in sich selbst einen verlässlichen Ort der Ruhe, Klarheit und

Verbindung. Diese Dimension verdient Raum, auch im beruflichen Alltag, auch im Gespräch mit Kolleg:innen, auch in der Reflexion über das eigene Leben. Denn Sinn ist nicht nur ein Gedanke, er ist eine lebendige Kraft.

Selbstfürsorge für Führungskräfte und Leitende

Führungskräfte stehen oft im Spannungsfeld zwischen Verantwortung für andere und der Verantwortung für sich selbst. Sie sind gefordert, Orientierung zu geben, Entscheidungen zu treffen, Ziele zu formulieren und zugleich ein Arbeitsklima zu schaffen, das Motivation und Gesundheit fördert. Inmitten dieser Vielzahl an Aufgaben bleibt die eigene Selbstfürsorge oft auf der Strecke. Dabei ist sie gerade in leitenden Positionen besonders wichtig, nicht zuletzt wegen der Vorbildfunktion, die mit jeder Führungsrolle einhergeht.

Selbstfürsorge für Führungskräfte bedeutet mehr als Zeitmanagement oder ein ausgeklügeltes Stressbewältigungsprogramm. Es geht um eine innere Haltung: um die Fähigkeit, sich selbst ernst zu nehmen, die eigenen Grenzen zu respektieren, und mit sich selbst ebenso achtsam umzugehen, wie man es sich für das eigene Team wünscht. Denn wer von anderen Fürsorge, Selbstregulation und gesunde Grenzen erwartet, muss selbst damit beginnen.

In der Praxis zeigen sich jedoch häufig gegenteilige Muster. Viele Führungskräfte stellen ihre eigenen Bedürfnisse dauerhaft zurück, arbeiten über die Belastungsgrenze hinaus, leben eine Kultur der ständigen Erreichbarkeit vor und tragen still an einer Überverantwortung, die niemand sehen soll. Dabei wird übersehen: Wer dauerhaft über die eigenen Grenzen geht, ist kein Gewinn für das Team. Erschöpfung ist ansteckend. Ein überforderter oder innerlich abwesender Vorgesetzter kann die Unsicherheit im

Team verstärken und unterschwellig eine Kultur der Überanpassung fördern.

Selbstfürsorge in der Führung heißt deshalb auch, Verantwortung für das eigene Energiemanagement zu übernehmen. Wer Pausen macht, kommuniziert damit: Es ist erlaubt, sich zu erholen. Wer in Supervision oder Coaching geht, signalisiert: Reflexion ist Teil guter Führung. Wer klar benennt, was zu viel ist, zeigt: Grenzen haben Platz, auch an der Spitze. So entsteht eine Kultur, in der Menschlichkeit nicht als Schwäche gilt, sondern als Stärke.

Ein weiterer zentraler Punkt ist die Selbstklärung. Wer führt, braucht ein gutes Bewusstsein über die eigenen Werte, Motive und Antreiber. Nur wer weiß, was ihn oder sie selbst antreibt, kann andere authentisch führen. Diese Klarheit schützt vor blinden Aktionismen, überhöhten Ansprüchen oder dem Versuch, sich über Leistung zu definieren. Sie schafft die Grundlage für eine selbstbewusste, zugewandte und gleichzeitig klare Führungsrolle.

Natürlich gibt es strukturelle Herausforderungen. Nicht jede Führungskraft kann frei über ihre Zeit oder Arbeitsweise bestimmen. Hier ist es umso wichtiger, kleine Spielräume bewusst zu nutzen. Eine klare Kommunikation, eine realistische Erwartungshaltung an sich selbst und ein offener Umgang mit Belastungen können helfen, Selbstfürsorge nicht nur als Privatangelegenheit zu sehen, sondern als integralen Bestandteil von professioneller Führungskultur.

Gerade in Zeiten von Veränderung, Unsicherheit oder hoher Belastung schauen Teams besonders aufmerksam auf ihre Leitung. Wie geht sie mit Druck um? Wie reagiert sie auf Konflikte? Wie achtet sie auf sich? Die eigene Haltung wird nicht nur beobachtet, sie wirkt. Führung ist Kommunikation, auch nonverbal. Wer authentisch mit der eigenen Überforderung umgeht, öffnet einen Raum für kollektive Menschlichkeit.

Ein häufiges Dilemma besteht darin, dass Führungskräfte glauben, Stärke durch Unangreifbarkeit zeigen zu müssen. Doch wahre Stärke zeigt sich in der Fähigkeit, Schwäche zuzulassen, Rat einzuholen, Verantwortung zu teilen. Eine Führungskraft, die um Hilfe bittet oder innehalten kann, verkörpert eine Haltung, die langfristig trägt, für sich selbst und für das Team.

Selbstfürsorge für Führungskräfte bedeutet auch, sich regelmäßig mit dem eigenen Anspruchsdenken auseinanderzusetzen. Viele Menschen in leitender Funktion sind mit inneren Antreibern konfrontiert wie: „Ich darf keine Schwäche zeigen", „Ich muss alles im Griff haben", „Ich bin erst dann wertvoll, wenn ich funktioniere". Diese Glaubenssätze wirken stark und können zu chronischer Selbstüberforderung führen. Sie zu hinterfragen ist kein Zeichen von Unsicherheit, sondern ein Akt der Selbstverantwortung.

Hilfreich ist es, sich bewusste Räume für Reflexion zu schaffen, sei es in Form von kollegialem Austausch, professioneller Begleitung oder durch regelmäßige Pausen zur Selbstbeobachtung. Fragen wie „Was brauche ich gerade?", „Was geht über meine Grenze?" oder „Wie würde ich mein Teammitglied in meiner Situation begleiten?" können dabei als innerer Kompass dienen.

Ein weiterer, oft übersehener Aspekt ist die Einsamkeit in der Führung. Verantwortung zu tragen bedeutet oft, nicht alle Gedanken teilen zu können, Entscheidungen allein treffen zu müssen oder Spannungen im Team zu moderieren, ohne sich selbst einbringen zu dürfen. Umso wichtiger ist es, tragende Beziehungen außerhalb der eigenen Organisation zu pflegen, in denen Führungskräfte sich selbst zeigen dürfen, ohne Rolle, ohne Maske.

Nicht zuletzt dürfen Führungskräfte lernen, Selbstfürsorge auch als Kulturleistung zu verstehen. Indem sie nicht nur selbst achtsam leben, sondern aktiv Rahmenbedingungen schaffen, in denen Selbstfürsorge auch für andere möglich ist. Das beginnt bei der Gestaltung von Arbeitsabläufen, reicht über realistische Zielsetzungen bis hin zur Haltung im Umgang mit Fehlern. Eine Kultur, die Menschen erlaubt, sich selbst ernst zu nehmen, entsteht nicht durch Verordnungen, sondern durch gelebte Praxis.

Reflexionsfragen

- Welche Haltung lebst du als Führungskraft in Bezug auf Selbstfürsorge und welche Wirkung hat sie auf dein Team?
- Wo übergehst du deine eigenen Bedürfnisse zugunsten deiner Funktion?
- Was hilft dir persönlich, in der Führungsrolle in Balance zu bleiben?
- Wie gehst du mit eigenen Grenzen um und wie kommunizierst du sie?

- Welche Vorbildwirkung möchtest du bewusst leben?
- In welchen Situationen fällt es dir schwer, Selbstfürsorge mit den Anforderungen deiner Rolle zu vereinbaren?
- Was brauchst du, um dich selbst langfristig gesund und tragfähig in deiner Funktion zu halten?
- Wie kannst du eine Kultur fördern, in der auch andere gut für sich sorgen können?
- Welche inneren Antreiber beeinflussen deinen Führungsstil und wie gehst du mit ihnen um?
- Wo findest du selbst Unterstützung, Entlastung und Resonanz für deine Führungsrolle?

Führungskräfte tragen nicht nur Verantwortung für andere, sondern auch für sich selbst. Ihre Haltung zur Selbstfürsorge prägt die Kultur des gesamten Teams. Wer achtsam mit sich selbst umgeht, ermöglicht auch anderen, dies zu tun. Selbstfürsorge ist damit kein Rückzug, sondern eine Führungsqualität. Sie schafft Klarheit, Stabilität und Vertrauen, und sie schützt vor Überforderung, innerer Leere und dem Verlust an Sinn. Eine gute Führung beginnt bei dir selbst. Und sie lebt von der Bereitschaft, sich selbst als Mensch ernst zu nehmen, mit allem, was dazugehört.

Plädoyer für einen liebevolleren Umgang mit sich selbst

In einer Welt, die Leistung, Effizienz und ständige Verfügbarkeit in den Mittelpunkt stellt, ist der liebevolle Umgang mit sich selbst oft das Erste, das verloren geht. Viele Menschen, insbesondere in helfenden Berufen, begegnen anderen mit Respekt, Geduld und Empathie, während sie sich selbst mit Härte, Kritik und hohen Erwartungen begegnen. Dieses Ungleichgewicht hat Konsequenzen, für das persönliche Wohlbefinden, für die Qualität der Arbeit und für die Beziehungen, die wir gestalten. Dieses Kapitel ist eine Einladung, deine Haltung zu dir selbst zu hinterfragen. Es ist ein Plädoyer dafür, dass du genauso viel Mitgefühl, Verständnis und Fürsorge verdienst wie die Menschen, denen du hilfst.

Ein liebevoller Umgang mit dir selbst beginnt mit der Art und Weise, wie du innerlich mit dir sprichst. Achte einmal bewusst darauf, welche Worte du findest, wenn du einen Fehler machst oder deine Erwartungen nicht erfüllst. Sagst du Dinge zu dir, die du niemals zu einem anderen Menschen sagen würdest? Verurteilst du dich für deine Grenzen, deine Müdigkeit, deine Unsicherheit? Oder gelingt es dir, dir selbst mit derselben Freundlichkeit zu begegnen, mit der du anderen begegnest? Selbstmitgefühl ist keine Schwäche. Es ist ein Zeichen von innerer Reife und professioneller Integrität.

Sich liebevoll zu behandeln, bedeutet nicht, sich selbst zu bemitleiden oder nachsichtig mit echtem Fehlverhalten zu sein. Es bedeutet, eine Haltung der Annahme, der

Geduld und des Verständnisses zu entwickeln. Es bedeutet, sich in schwierigen Momenten nicht innerlich abzuwerten, sondern sich zu halten. Es bedeutet, anzuerkennen, dass du ein Mensch bist, mit Bedürfnissen, mit Brüchen, mit Entwicklungsspielraum. Liebevoll mit dir selbst zu sein heißt, dich in deiner ganzen Menschlichkeit ernst zu nehmen.

Diese Haltung ist besonders wichtig in Momenten der Schwäche. Wenn du überfordert bist, wenn du an dir zweifelst, wenn du einen Fehler gemacht hast, gerade dann brauchst du deine eigene Güte. Viele Menschen sind sehr geübt darin, sich zu verurteilen. Sie sind streng, ungeduldig, unnachsichtig mit sich selbst. Doch innere Härte führt selten zu Wachstum. Sie erzeugt Druck, Angst und ein Gefühl von Getrenntsein. Liebevolle Selbstzuwendung hingegen öffnet einen Raum, in dem du dich entwickeln kannst. Sie schafft Vertrauen, in dich selbst und in das Leben.

Ein liebevoller Umgang mit sich selbst zeigt sich auch in alltäglichen Entscheidungen. Gönnst du dir Pausen, wenn du müde bist? Ernährst du dich so, dass es dir guttut? Sagst du Nein, wenn du etwas nicht schaffst? Oder gehst du regelmäßig über deine Grenzen, weil du glaubst, dass du stark sein musst? Liebe zu dir selbst drückt sich nicht in großen Gesten aus, sondern in kleinen, wiederholten Akten der Achtsamkeit. Sie ist eine Haltung, die du üben kannst. Tag für Tag.

In der psychosozialen Arbeit ist die Gefahr besonders groß, sich selbst zu verlieren. Das Mitfühlen mit anderen, das Tragen fremder Geschichten, das Begleiten durch

Krisen und Verluste. All das fordert dich auf tiefen Ebenen. Umso wichtiger ist es, dass du dir selbst ein sicherer Ort wirst. Dass du lernst, dich zu trösten, dich zu ermutigen, dich zu schützen. Der liebevolle Umgang mit dir selbst ist kein Luxus, sondern ein notwendiger Teil deiner beruflichen Kompetenz.

Liebevoll mit dir umzugehen bedeutet auch, dich in deiner Ganzheit zu sehen, mit Licht und Schatten, mit Ressourcen und Begrenzungen. Es bedeutet, dich nicht nur dann zu akzeptieren, wenn du funktionierst, sondern auch dann, wenn du zweifelst, strauchelst oder innehältst. Es ist ein Akt des Mutes, dir in deiner Unvollkommenheit zu begegnen, ohne dich zu entwerten. Denn genau in dieser Annahme liegt die Kraft zur Veränderung. Wer sich annimmt, kann wachsen. Wer sich ablehnt, bleibt gefangen.

Der Weg zu mehr Selbstliebe beginnt mit Bewusstheit. Du kannst nicht verändern, was dir nicht bewusst ist. Deshalb ist der erste Schritt, hinzuhören. Was denkst du über dich? Wie fühlst du dich, wenn du scheiterst? Wie gehst du mit deinen Grenzen um? Was glaubst du, verdienen zu dürfen? Die Antworten auf diese Fragen zeigen dir, wie du dir selbst begegnest. Und sie öffnen den Raum für Veränderung.

Ein hilfreicher Impuls kann es sein, dich selbst mit den Augen eines liebevollen Menschen zu betrachten. Was würde eine gute Freundin oder ein wohlwollender Mentor zu dir sagen, wenn du an dir zweifelst? Welche Worte würdest du einem Kind sagen, das sich unsicher fühlt? Kannst du beginnen, diese Worte auch dir selbst zu schenken? Dieser Perspektivwechsel ist nicht naiv, sondern heilsam. Er hilft dir, dich selbst nicht als Funktion zu sehen, sondern als fühlendes Wesen.

Ein weiterer Weg besteht darin, dir bewusst liebevolle Rituale zu schaffen. Vielleicht beginnst du den Tag mit einer freundlichen inneren Begrüßung. Vielleicht beendest du deinen Tag mit einem kurzen Rückblick, in dem du dich für dein Bemühen anerkennst. Vielleicht schreibst du dir selbst kleine Botschaften, stärkende Sätze, Erinnerungen an deine Würde. Diese Zeichen wirken. Sie sind wie Wasser für eine Pflanze. Sie nähren dein Selbstbild, deine Resilienz und deine Freude.

Auch körperliche Selbstfürsorge ist Ausdruck von Selbstliebe. Bewegung, Schlaf, Ernährung. all das sind Formen, mit denen du deinem Körper zeigst: Ich bin mir wichtig. Ich achte auf mich. Ich verdiene es, mich wohlzufühlen. Diese Fürsorge ist kein Zusatz, sondern ein Fundament. Denn dein Körper ist das Zuhause deiner Seele. Wie du ihn behandelst, wirkt auf deine Stimmung, deine Energie und deine Fähigkeit, präsent zu sein.

Ein liebevoller Umgang mit dir selbst verändert auch deine Beziehungen. Wenn du milder mit dir wirst, wirst du oft auch milder mit anderen. Wenn du dir erlaubst, unvollkommen zu sein, kannst du auch die Unvollkommenheit anderer besser annehmen. Selbstliebe macht dich nicht abgekapselt, sondern verbindlich. Sie schafft die Grundlage für echte Nähe, nicht durch Bedürftigkeit, sondern durch innere Stabilität.

Dieser Weg ist kein Ziel, sondern ein Prozess. Es wird Tage geben, an denen du dich selbst vergisst, dich überforderst oder hart zu dir bist. Das ist menschlich. Wichtig ist, dass du dich immer wieder erinnerst. Dass du dir selbst verzeihst. Dass du nicht perfekt sein musst, um gut zu sein. Und dass du es wert bist, freundlich mit dir zu sein – gerade dann, wenn du es am wenigsten glaubst.

Liebevoll mit dir selbst umzugehen bedeutet auch, deinen Erfolg anders zu definieren. Nicht als Erfüllung äußerer Standards, sondern als Stimmigkeit mit dir selbst. War ich heute in Verbindung mit mir? Habe ich meine Werte gelebt? Habe ich mir selbst zugehört? Solche Fragen geben deinem Alltag Tiefe. Sie helfen dir, dich nicht im Funktionieren zu verlieren. Und sie erinnern dich daran, dass du dir selbst ein Zuhause sein darfst – nicht nur in Momenten des Gelingens, sondern gerade auch dann, wenn es schwerfällt.

Reflexionsfragen:

- Wie spreche ich innerlich mit mir, wenn ich einen Fehler mache?
- Was denke ich über meine eigenen Bedürfnisse – nehme ich sie ernst oder relativiere ich sie?
- Welche kleinen Gesten der Fürsorge kann ich mir im Alltag schenken?
- Welche Glaubenssätze stehen einem liebevollen Umgang mit mir selbst im Weg?
- Wie würde ich mit einer geliebten Person sprechen – und kann ich so auch mit mir sprechen?
- In welchen Momenten fällt es mir besonders schwer, gütig mit mir zu sein?

- Welche Rituale könnten mir helfen, meine Selbstzuwendung zu stärken?
- Was würde sich verändern, wenn ich mich selbst als wertvoll anerkenne – unabhängig von Leistung?
- Welche Sprache möchte ich für mein inneres Selbst entwickeln?
- Wie kann ich liebevolle Selbstfürsorge auch in herausfordernden Zeiten aufrechterhalten?

Ein liebevoller Umgang mit dir selbst ist kein Luxus, sondern eine tragende Grundlage für dein persönliches und berufliches Leben. Er beginnt mit kleinen, achtsamen Gesten, mit bewusster Sprache, mit der Entscheidung, dich selbst als Mensch mit Würde und Bedürftigkeit ernst zu nehmen. Wenn du lernst, mit dir zu sein, auch in den schwierigen Momenten, entsteht eine neue Qualität von Stärke. Diese Stärke ist still, weich und kraftvoll. Sie erlaubt dir, zu wachsen, dich zu entwickeln – nicht gegen dich, sondern mit dir. Und sie macht dich zu einer verlässlichen Begleiter:in – für andere und für dich selbst. Du wirst zur Verbündeten deines eigenen inneren Weges. Nicht, weil du alles richtig machst, sondern weil du bereit bist, dich liebevoll anzunehmen – immer wieder neu.

Persönliche Strategien entwickeln

Jeder Mensch ist einzigartig, in seiner Geschichte, seinen Ressourcen, seinen Herausforderungen und seiner Art, mit Belastungen umzugehen. Deshalb gibt es keine allgemeingültige Anleitung für gelingende Selbstfürsorge oder Resilienz. Was für den einen hilfreich ist, wirkt bei der anderen vielleicht kontraproduktiv. Deshalb ist es so wichtig, dass du deine ganz persönlichen Strategien entwickelst. Nicht aus einem Katalog von Möglichkeiten, sondern aus deinem Erleben, deinen Bedürfnissen und deinen inneren Überzeugungen heraus.

Persönliche Strategien sind Wege, wie du mit Stress, Erschöpfung, Unsicherheit, Verantwortung, Nähe und Distanz umgehst, also mit den zentralen Themen deines Arbeitsalltags in der psychosozialen Praxis. Sie sind keine spontanen Reaktionen, sondern bewusste Haltungen, die du dir aneignest, erprobst, anpasst und weiterentwickelst. Es sind kleine, aber wirkungsvolle Werkzeuge, die du griffbereit hast, wenn es herausfordernd wird. Und es sind Rituale, die dich auch in stürmischen Zeiten innerlich stabil halten.

Strategien sind nicht nur kurzfristige Reaktionen, sondern langfristig gepflegte Gewohnheiten, die deine psychische und physische Stabilität fördern. Sie können dir helfen, dich mit dir selbst zu verbinden, in deinem Körper anzukommen, deine Gedanken zu sortieren und deine Emotionen zu regulieren. Sie stärken dein inneres Gleichgewicht und wirken wie ein emotionales Immunsystem. Indem du sie regelmäßig praktizierst, wirst du resilienter, klarer und handlungsfähiger.

Der erste Schritt zur Entwicklung persönlicher Strategien ist die ehrliche Selbstwahrnehmung. Was belastet dich wirklich? Welche Situationen fordern dich immer wieder besonders heraus? Welche Gedanken, inneren Stimmen oder äußeren Erwartungen lösen Druck in dir aus? Und welche Reaktionen zeigen sich bei dir, wenn du überlastet bist: körperlich, emotional oder mental? Vielleicht merkst du es an Gereiztheit, Rückzug, Erschöpfung, Schlaflosigkeit, innerer Unruhe oder dem Gefühl, nur noch zu funktionieren. Diese Selbstbeobachtung ist keine Schwäche, sondern eine Stärke. Denn sie erlaubt dir, gezielt anzusetzen.

Im zweiten Schritt geht es darum, zu erforschen, was dir wirklich hilft. Nicht das, was andere dir raten, sondern das, was in dir Resonanz erzeugt. Vielleicht merkst du, dass dir bestimmte Gespräche mit vertrauten Menschen guttun. Vielleicht ist es ein täglicher Spaziergang, Musik, Schreiben, Bewegung oder Stille. Vielleicht hilft dir ein klar strukturierter Tagesplan oder gerade das Gegenteil, bewusstes Loslassen von Struktur. Es ist deine Aufgabe, auszuprobieren, was für dich funktioniert. Und es ist dein Recht, Strategien wieder zu verwerfen, wenn sie nicht mehr stimmig sind.

Wichtig ist, dass deine Strategien zu deinem Typ passen. Manche Menschen brauchen Bewegung, andere Rückzug. Manche schöpfen Kraft aus Kreativität, andere aus Stille. Manche brauchen Struktur, andere Freiheit. Es gibt kein Richtig oder Falsch. Entscheidend ist, ob es dir hilft, dich in dir selbst zu verankern und in herausfordernden Situationen innerlich präsent zu bleiben. Eine hilfreiche

Strategie ist immer eine, die dich unterstützt, nicht eine, die dich diszipliniert oder unter Druck setzt.

Oft entstehen hilfreiche Strategien aus der Erfahrung heraus, was nicht funktioniert. Vielleicht hast du zu lange gewartet, bevor du dich abgegrenzt hast. Vielleicht hast du in Konflikten zu schnell nachgegeben oder zu vehement reagiert. Vielleicht hast du in einer emotional belastenden Beratungssituation keine Pause gemacht und dich selbst verloren. Diese Erfahrungen sind wertvoll, weil sie dir zeigen, wo deine Grenzen liegen und wie du sie künftig besser schützen kannst. Persönliche Strategien wachsen aus Reflexion, nicht aus Perfektion.

Strategien brauchen Raum zur Entfaltung. Das bedeutet auch, dass du dir bewusst Zeitfenster schaffst, in denen du üben kannst. Selbstfürsorge ist kein Luxus, sondern Voraussetzung für deine Wirksamkeit. Wenn du deine Strategien nicht lebst, sondern nur theoretisch kennst, bleiben sie leere Konzepte. Nur durch regelmäßige Anwendung werden sie zu einem selbstverständlichen Bestandteil deines beruflichen und persönlichen Alltags.

Strategien müssen nicht immer sichtbar sein. Manche finden im Stillen statt: ein tiefer Atemzug, ein innerer Satz der Ermutigung, eine gedankliche Umarmung für dich selbst. Andere sind sichtbar und klar kommuniziert: eine Grenze, die du setzt, eine Pause, die du nimmst, eine Bitte um Unterstützung, die du aussprichst. Entscheidend ist, dass du in Kontakt mit dir bleibst. Deine persönliche Strategie darf leise oder laut sein, solange sie dir dient.

Langfristig helfen persönliche Strategien nicht nur in akuten Situationen, sondern stärken auch deine innere Haltung. Sie fördern deine Selbstwirksamkeit, das Gefühl, Einfluss auf dein Erleben und Verhalten nehmen zu können. Wenn du merkst, dass du dir selbst helfen kannst, wächst dein Vertrauen in dich. Du wirst unabhängiger von äußeren Umständen und kannst gelassener mit Herausforderungen umgehen. Deine Strategien werden zu einem inneren Halt, der dich begleitet.

Auch auf der Beziehungsebene wirken persönliche Strategien. Wenn du gut für dich sorgst, bist du präsenter für andere. Du kannst klarer kommunizieren, besser zuhören und konstruktiver reagieren. Deine innere Ruhe überträgt sich auf dein Gegenüber. Strategien wirken also nicht nur nach innen, sondern auch nach außen. Sie gestalten deine Beziehungen, deine Arbeit und letztlich dein gesamtes Lebensgefühl.

Außerdem unterstützen dich deine Strategien dabei, deine berufliche Rolle klarer zu gestalten. Du erkennst, wann du verfügbar bist und wann nicht. Du lernst, zwischen Mitgefühl und Überverantwortung zu unterscheiden. Du entwickelst ein Gespür dafür, wie du dich abgrenzen kannst, ohne dich zu entziehen. Deine persönliche Selbstregulation ist damit nicht nur ein Selbstschutz, sondern auch ein Beitrag zur Qualität deiner Arbeit. Denn je besser du für dich sorgst, desto verlässlicher bist du für andere.

Auch in der Teamarbeit wirken persönliche Strategien stärkend. Wenn du deine Wege mit Kolleg:innen teilst, entstehen Synergien. Du bekommst neue Impulse, erkennst dich in den Geschichten anderer wieder und entwickelst gemeinsam eine Kultur der gegenseitigen Unterstützung. Vielleicht wird das kurze Austauschen nach einer herausfordernden Sitzung zu einem kleinen Ritual. Vielleicht entsteht ein Reflexionsraum, in dem es nicht nur um Fälle, sondern auch um persönliche Prozesse geht. Diese Formen von geteilten Strategien wirken verbindend und entlastend.

Reflexionsfragen:

- Welche Situationen empfinde ich in meinem beruflichen Alltag als besonders belastend?
- Welche Reaktionen zeigen sich bei mir, wenn ich unter Druck stehe?
- Was hat mir in der Vergangenheit geholfen, in belastenden Momenten stabil zu bleiben?
- Welche Strategien möchte ich weiterentwickeln oder bewusst einüben?
- Wie kann ich meine Bedürfnisse im Alltag frühzeitig wahrnehmen und darauf reagieren?
- Welche Rolle spielt mein berufliches Umfeld für die Umsetzung meiner Strategien?
- Welche meiner Strategien möchte ich mit anderen teilen oder im Team etablieren?
- Was würde sich verändern, wenn ich mir erlaube, für mich gut zu sorgen?
- Wie kann ich meine Strategien sichtbar und wirksam in meinen beruflichen Alltag integrieren?
- Welche Rituale geben mir Halt, und wie kann ich sie bewusst pflegen oder neu etablieren?

Persönliche Strategien zu entwickeln ist ein zentraler Schritt auf dem Weg zu mehr Selbstfürsorge, Stabilität und beruflicher Nachhaltigkeit. Sie helfen dir, belastende Situationen zu meistern, dich besser zu regulieren und mit deinen Ressourcen verantwortungsvoll umzugehen. Sie entstehen aus Reflexion, wachsen durch Übung und verändern sich mit dir. Du musst dich nicht an starren Vorgaben orientieren. Dein Weg darf individuell, lebendig und entwicklungsfähig sein. Wenn du deine eigenen Strategien findest, entwickelst du nicht nur Methoden, sondern ein tragfähiges Fundament für deine persönliche und professionelle Weiterentwicklung. Es sind genau diese Strategien, die dich in deiner Kraft halten, deine Authentizität stärken und deine innere Sicherheit nähren. Sie sind Ausdruck einer Haltung, die dich durch alle Herausforderungen deines beruflichen Alltags begleiten wird.

Selbstfürsorge-Checkliste

Selbstfürsorge ist keine einmalige Maßnahme und auch keine Belohnung nach besonders anstrengenden Tagen. Sie ist ein dauerhafter, bewusster Prozess, der Aufmerksamkeit, Reflexion und regelmäßige Anpassung erfordert. In der psychosozialen Praxis, in der Nähe zu Leid und menschlichen Krisen zum Arbeitsalltag gehört, ist Selbstfürsorge keine Option, sondern eine notwendige Voraussetzung für nachhaltiges, gesundes Arbeiten. Eine persönliche Selbstfürsorge-Checkliste kann dabei helfen, eigene Gewohnheiten zu überprüfen, blinde Flecken zu erkennen und neue Impulse zu integrieren.

Diese Checkliste ist kein Dogma und kein weiterer Anspruch. Sie ist eine Einladung zur Selbstbegegnung. Es geht nicht darum, jeden Punkt perfekt umzusetzen, sondern darum, achtsam wahrzunehmen, was für dich gerade stimmig und hilfreich ist. Manches mag dir vertraut sein, anderes vielleicht überraschen. Vielleicht entdeckst du auch Punkte, die dich berühren oder dir Widerstand entlocken. Nimm all das als wertvolle Hinweise, wo deine Selbstfürsorge gestärkt, ergänzt oder verändert werden darf.

Die folgende Checkliste ist in verschiedene Lebens- und Arbeitsbereiche gegliedert. Sie kann als Grundlage für deine regelmäßige Selbstreflexion dienen. Du kannst sie in Intervisionen, Supervisionen oder auch im privaten Rückblick nutzen. Wichtig ist: Es geht nicht um Bewertung, sondern um Bewusstheit. Nicht um Optimierung, sondern um liebevolle Aufmerksamkeit.

Körperliche Selbstfürsorge

- [ ] Schlafe ich ausreichend und regelmäßig?
- [ ] Ernähre ich mich so, dass ich mich körperlich wohlfühle und genug Energie habe?
- [ ] Bewege ich mich regelmäßig, auch in kleinen Dosen?
- [ ] Spüre ich frühzeitig körperliche Signale von Stress oder Erschöpfung?
- [ ] Habe ich Rituale, die meinem Körper Entspannung und Regeneration ermöglichen?
- [ ] Gehe ich zu Vorsorgeuntersuchungen und kümmere ich mich um körperliche Beschwerden?
- [ ] Gönne ich meinem Körper Zeiten ohne Reizüberflutung (z. B. ohne Bildschirm, Lärm oder Input)?

Emotionale Selbstfürsorge

- [ ] Gestehe ich mir zu, Gefühle zu haben, auch unangenehme?
- [ ] Kann ich Traurigkeit, Wut oder Angst zulassen, ohne sie zu verdrängen oder zu bewerten?
- [ ] Habe ich Strategien, um mit intensiven Emotionen gut umzugehen?
- [ ] Spreche ich über meine Gefühle mit Menschen, denen ich vertraue?
- [ ] Finde ich Worte für das, was mich innerlich bewegt?
- [ ] Wie gehe ich mit emotionalen Belastungen aus meiner Arbeit um?
- [ ] Kann ich mich selbst trösten und mir Zuwendung geben, wenn ich leide?

Mentale Selbstfürsorge

- [ ] Mache ich mir bewusst, welche Gedanken mich antreiben, hemmen oder belasten?
- [ ] Nehme ich mir Zeit für gedankliche Pausen, z. B. durch Achtsamkeitsübungen oder bewusstes Nichtstun?
- [ ] Habe ich ein inneres Gegengewicht zu meinem „inneren Kritiker"?
- [ ] Pflege ich positive innere Bilder, Erinnerungen oder Visionen?
- [ ] Gönne ich meinem Geist anregenden Input, der mir guttut (z. B. Lesen, Austausch, Lernen)?
- [ ] Kann ich belastende Gedankenspiralen stoppen oder umlenken?

Soziale Selbstfürsorge

- [ ] Erlebe ich Unterstützung in meinem sozialen Umfeld?
- [ ] Habe ich Menschen, mit denen ich offen über meine Belastungen sprechen kann?
- [ ] Pflege ich Beziehungen, die mir Kraft geben und mich nähren?
- [ ] Setze ich in sozialen Beziehungen auch Grenzen, wenn mir etwas zu viel wird?
- [ ] Kann ich mich in Gemeinschaft entspannen, ohne funktionieren zu müssen?
- [ ] Habe ich auch Zeiten für mich allein, in denen ich zur Ruhe komme?

Berufliche Selbstfürsorge

- [ ] Habe ich im Berufsalltag Routinen, die mir Sicherheit und Struktur geben?
- [ ] Kann ich zwischen Arbeit und Freizeit klar trennen, räumlich, zeitlich, innerlich?
- [ ] Kenne ich meine beruflichen Grenzen und formuliere ich sie klar?
- [ ] Nutze ich regelmäßig Supervision, Intervision oder andere Reflexionsräume?
- [ ] Habe ich das Gefühl, dass meine Arbeit sinnerfüllt und stimmig ist?
- [ ] Gönne ich mir auch im Arbeitskontext kleine Pausen, Rückzugsräume oder Atemmomente?

Spirituelle Selbstfürsorge

- [ ] Habe ich Zugänge zu innerer Verbundenheit, Sinn oder Transzendenz?
- [ ] Gibt es Rituale oder Praktiken, die mich innerlich stärken (z. B. Gebet, Meditation, Naturverbundenheit)?
- [ ] Spüre ich mich als Teil eines größeren Ganzen?
- [ ] Was schenkt mir Trost, wenn ich mich erschöpft oder entmutigt fühle?
- [ ] Wie nähre ich mein Vertrauen ins Leben?

Alltagspraktische Selbstfürsorge

- [ ] Ist mein Alltag so gestaltet, dass ich nicht dauerhaft im Stressmodus bin?
- [ ] Gönne ich mir bewusst Zeit für das, was mir Freude macht?
- [ ] Habe ich eine gute Balance zwischen Verpflichtung und Freiheit?
- [ ] Ist mein Arbeits- und Lebensumfeld so gestaltet, dass ich mich wohlfühle?
- [ ] Wie gehe ich mit Medienkonsum, Erreichbarkeit und Informationsflut um?

Diese Liste ist nicht abschließend. Sie soll dir Impulse geben, in dich hineinzuspüren und deine ganz persönlichen Formen der Fürsorge weiterzuentwickeln. Es gibt keine perfekten Lösungen. Aber es gibt viele kleine, wirksame Schritte, die du für dich tun kannst.

Reflexionsfragen:

- Welche Bereiche meiner Selbstfürsorge sind gut entwickelt – und worauf bin ich stolz?
- In welchem Bereich spüre ich gerade am meisten Nachholbedarf?
- Welche Punkte aus der Checkliste haben bei mir innerlich etwas ausgelöst?
- Wo nehme ich mir regelmäßig Zeit für mich – und wo könnte ich mehr Raum schaffen?
- Welche Punkte möchte ich in den kommenden Wochen bewusst stärken?
- Wie kann ich meine Selbstfürsorge sichtbar und konkret im Alltag leben?

- Welche unterstützenden Menschen oder Strukturen kann ich dafür einbinden?

Eine Selbstfürsorge-Checkliste ist kein Kontrollinstrument, sondern ein liebevoller Spiegel. Sie hilft dir, achtsam mit dir selbst zu bleiben, Bedürfnisse zu erkennen und Entscheidungen bewusster zu treffen. Sie lädt dich ein, innezuhalten, dich selbst zu fragen, was du brauchst, und dir selbst das zu geben, was du anderen selbstverständlich schenkst. Denn deine Fürsorge beginnt bei dir. Und sie ist das tragende Fundament für alles, was du gibst.

Kleine Schritte, große Wirkung

In einer Zeit, in der Veränderung oft mit großen Zielen, radikalen Entscheidungen und spektakulären Lebensumbrüchen assoziiert wird, gerät eines leicht in Vergessenheit: die Kraft der kleinen Schritte. Besonders im Kontext von Selbstfürsorge und psychosozialem Arbeiten liegt die nachhaltigste Veränderung oft nicht im Umwerfen des gesamten Lebenskonzepts, sondern in jenen kleinen, stillen Entscheidungen, die du Tag für Tag für dich selbst triffst. Es sind die Mikroentscheidungen, die langfristig über Wohlbefinden, Belastbarkeit und berufliche Zufriedenheit entscheiden.

Kleine Schritte wirken nicht spektakulär. Sie sind nicht laut, nicht sofort sichtbar, nicht Instagram-tauglich. Aber sie sind machbar. Und sie sind es, die Veränderung wirklich in deinen Alltag bringen. Ein bewusster Atemzug zwischen zwei Gesprächen. Der entschiedene Griff zur Teetasse, bevor du deine E-Mails öffnest. Ein aufrechter Sitz, ein Pausenspaziergang, das Ja zur Ruhe statt zur Erledigung. Diese Entscheidungen verändern nicht sofort dein Leben, aber sie verändern dich in deinem Leben.

Wer sich selbst überfordert, weil er gleich alles richtig machen will, landet oft in Frustration oder Resignation. Der Wunsch, Selbstfürsorge endlich „richtig" umzusetzen, kann selbst zur Belastung werden. Dabei braucht es nicht die perfekte Morgenroutine, den achtsamen Tagesplan und die tägliche Meditation, um gut für dich zu sorgen. Es braucht vor allem deine Bereitschaft, dir selbst freundlich zu begegnen, und diese Haltung in kleine, konkrete Handlungen zu übersetzen.

Wenn du dir vornimmst, etwas zu verändern, frage dich nicht nur, was das Endziel ist. Frage dich: Was ist heute möglich? Was ist jetzt dran? Was würde mir in diesem Moment guttun? Und dann tue es, in kleinem Maßstab, aber mit großer Aufmerksamkeit. Der Unterschied liegt nicht in der Quantität, sondern in der Qualität deiner Präsenz. Selbstfürsorge beginnt nicht morgen oder wenn der Kalender leer ist. Sie beginnt in diesem Moment. Mit dem, was du dir jetzt erlaubst.

Kleine Schritte bauen Vertrauen auf. Wenn du dich nicht überforderst, sondern dir realistische Ziele setzt, sammelst du positive Erfahrungen. Du spürst: Ich kann etwas verändern. Ich bin nicht ausgeliefert. Ich habe Einfluss auf mein Wohlbefinden. Diese Erfahrung ist kraftvoll. Sie stärkt deine Selbstwirksamkeit, deinen Mut und dein Zutrauen in dich selbst. Und sie legt die Basis für größere Schritte, wenn sie irgendwann anstehen.

Auch in der Begleitung von Klient:innen sind kleine Schritte oft der entscheidende Hebel. Wer in einer Krise steckt, kann keine riesigen Veränderungen stemmen. Aber vielleicht gelingt es, morgens aufzustehen und sich zu duschen. Vielleicht gelingt es, ein Glas Wasser zu trinken, einen kurzen Spaziergang zu machen oder eine Nachricht an einen vertrauten Menschen zu schreiben. Diese Handlungen wirken klein, und sind gleichzeitig Ausdruck von Selbstverantwortung, Lebenswille und Hoffnung.

Im beruflichen Kontext psychosozialer Arbeit können kleine Schritte auch bedeuten, sich bewusst für einen anderen Umgang mit Belastung zu entscheiden. Zum

Beispiel, indem du dir vor einem herausfordernden Termin zwei Minuten Zeit nimmst, um dich innerlich auszurichten. Oder indem du nach einer belastenden Sitzung nicht sofort weitermachst, sondern dir erlaubst, kurz innezuhalten. Auch das bewusste Planen von Pufferzeiten, das Erkennen von Frühwarnzeichen oder das offene Ansprechen eigener Grenzen im Team, all das sind kleine Schritte mit großer Wirkung.

Kleine Schritte verändern nicht nur das Handeln, sondern auch die Haltung. Sie signalisieren dir selbst: Ich nehme mich ernst. Ich bin es mir wert. Ich darf mir Zeit nehmen, ich darf Fehler machen, ich darf mich entwickeln. Diese Botschaft wirkt auf tiefen Ebenen. Sie berührt dein Selbstbild, dein Selbstvertrauen und deine Identität als Mensch in einem herausfordernden Berufsfeld. Und sie macht es dir leichter, in der Beziehung zu anderen präsent, authentisch und mitfühlend zu bleiben.

In der Summe sind es nicht die großen Durchbrüche, die dich tragen, sondern die kleinen Schritte, die du immer wieder gehst. Sie bauen eine innere Brücke zwischen dem, was du weißt, und dem, was du lebst. Zwischen dem, was du anderen vermittelst, und dem, was du dir selbst erlaubst. Diese Brücke macht dich glaubwürdig. Und sie macht deine Arbeit nachhaltig.

Reflexionsfragen:

- Welche kleinen Schritte habe ich in letzter Zeit bereits gesetzt, die mir gutgetan haben?
- Welche kleinen Veränderungen wären heute möglich, ganz konkret?
- In welchen Momenten neige ich dazu, mich zu überfordern, statt klein anzufangen?
- Was hält mich davon ab, kleine Schritte ernst zu nehmen?
- Welche alltäglichen Mikroentscheidungen kann ich bewusster gestalten?
- Wie kann ich mir selbst für kleine Erfolge Anerkennung schenken?
- Welche kleinen Schritte könnte ich auch meinen Klient:innen vorschlagen oder mit ihnen gemeinsam entwickeln?

Große Veränderungen beginnen im Kleinen. Die Kraft der kleinen Schritte liegt in ihrer Machbarkeit, ihrer Alltagstauglichkeit und ihrer nachhaltigen Wirkung. Sie stärken Selbstwirksamkeit, fördern Achtsamkeit und bauen Vertrauen auf, in dich selbst und in den Prozess. Wenn du lernst, die kleinen Dinge wertzuschätzen und ihnen Raum zu geben, entsteht eine neue Qualität von Fürsorge: leise, aber wirkungsvoll. Du musst nicht perfekt sein, um gut für dich zu sorgen. Du darfst einfach beginnen, jetzt, in kleinen Schritten.

Einladung zur regelmäßigen Selbstzuwendung

Selbstzuwendung ist kein kurzfristiger Akt und keine spontane Reaktion auf Erschöpfung. Sie ist ein bewusster, wiederkehrender Prozess, der sich in deinem Alltag verankern darf. Sie ist eine Haltung, die dich durch alle Herausforderungen deines Berufslebens trägt. Inmitten von Anforderungen, Termindruck, Verantwortung und emotionalen Belastungen stellt Selbstzuwendung eine Rückverbindung zu dir selbst dar. Sie ist die stille Einladung, dich nicht aus den Augen zu verlieren, sondern dich immer wieder liebevoll in den Mittelpunkt deiner Aufmerksamkeit zu rücken.

Gerade in helfenden Berufen neigen viele Menschen dazu, sich ganz auf das Gegenüber zu fokussieren. Du bist da, du hörst zu, du begleitest. Du bist empathisch, mitfühlend, präsent. All das sind wunderbare Qualitäten. Doch wenn du dich dauerhaft selbst ausklammerst, verlierst du deine innere Mitte. Dann wächst die Gefahr, dass du leer wirst, zynisch, müde oder gleichgültig. Regelmäßige Selbstzuwendung ist deshalb keine Selbstverliebtheit, sondern ein Akt der Selbstverantwortung. Sie ist eine stille Rückkehr zu dir, als Mensch, nicht nur als Funktionsträger:in.

Diese Rückkehr gelingt nicht durch einmalige Impulse, sondern durch Wiederholung. So wie du regelmäßig isst, schläfst oder dich bewegst, darfst du dich auch regelmäßig dir selbst zuwenden. Selbstzuwendung ist nichts, was du „erledigst". Sie ist ein Zustand, den du pflegst. Eine innere Beziehung, die du stärkst. Sie bedeutet, dich in deiner Ganzheit wahrzunehmen, körperlich, emotional, mental und spirituell. Sie bedeutet, dir zuzuhören. Nicht nur im Ausnahmefall, sondern im Alltag. Nicht nur dann, wenn du zusammenbrichst, sondern gerade dann, wenn du funktionierst.

Viele Menschen tun sich schwer damit, sich selbst regelmäßig Raum zu geben. Sie sind es gewohnt, sich über Leistung zu definieren. Sie haben gelernt, sich erst dann Aufmerksamkeit zu schenken, wenn alles erledigt ist. Doch dieser Moment tritt oft nicht ein. Deshalb braucht es bewusste, feste Orte der Selbstzuwendung. Kleine Rituale, regelmäßige Pausen, stille Momente, in denen du dir selbst begegnest. Vielleicht ist es der erste Atemzug am Morgen, den du bewusst spürst. Vielleicht ist es der Weg zur Arbeit, den du in Stille gehst. Vielleicht ist es der Moment am Abend, in dem du deine Hand auf dein Herz legst und dich fragst: Wie geht es mir heute wirklich?

Selbstzuwendung braucht keine äußeren Bedingungen. Du musst nicht ins Kloster fahren, um dir nahe zu sein. Es genügt, wenn du den Blick nach innen lenkst. Wenn du deinen Atem spürst, deinen Körper wahrnimmst, deinen Gedanken zuhörst, ohne sie zu bewerten. Selbstzuwendung ist einfach, aber nicht immer leicht. Sie fordert deine Präsenz. Sie erfordert, dass du innehalten kannst, auch wenn das Außen laut ist. Und sie verlangt, dass du dich selbst als würdig betrachtest, würdig, dich selbst zu spüren, zu nähren, zu achten.

Diese Haltung ist erlernbar. Sie wächst mit der Übung. Je öfter du dich dir selbst zuwendest, desto vertrauter wird dieser Zustand. Desto weniger fremd erscheint dir deine eigene Gegenwart. Und desto schneller spürst du, wenn du dich verlierst. Die regelmäßige Selbstzuwendung wird zu einer inneren Heimat, in der du dich verankern kannst. In der du Kraft schöpfst. In der du dich erinnern kannst an das, was dich trägt.

Im beruflichen Alltag zeigt sich Selbstzuwendung nicht nur in Pausen oder Auszeiten. Sie zeigt sich auch in der Art, wie du mit dir sprichst. Ob du dich für ein schwieriges Gespräch verurteilst oder dir Mitgefühl schenkst. Ob du dich für deine Müdigkeit kritisierst oder dir Anerkennung gibst für das, was du leistest. Selbstzuwendung bedeutet, dich nicht zu verlieren, wenn du gibst. Sie bedeutet, dir selbst zu erlauben, auch zu empfangen. Nicht nur von anderen, sondern von dir selbst.

Wenn du beginnst, dir regelmäßig Raum für Selbstzuwendung zu geben, verändert sich deine Haltung – zu dir selbst und zu deiner Arbeit. Du wirst präsenter, gelassener, klarer. Du kannst besser unterscheiden, was dir guttut und was dich schwächt. Du lernst, dich selbst zu führen, statt dich treiben zu lassen. Und du entwickelst eine Form von innerer Souveränität, die nicht auf Kontrolle, sondern auf Verbindung beruht.

Diese Verbindung wirkt. Sie macht dich nicht unverwundbar, aber sie macht dich tragfähiger. Sie bewahrt dich nicht vor Schmerz, aber sie lässt dich aufrecht durch schwierige Zeiten gehen. Und sie stärkt deine Fähigkeit, andere achtsam und kraftvoll zu begleiten – weil du selbst in Verbindung bist. Regelmäßige Selbstzuwendung ist deshalb kein Rückzug, sondern ein Voranschreiten. Sie ist ein Schritt hin zu mehr Tiefe, mehr Klarheit und mehr Lebendigkeit.

Reflexionsfragen:

- Wie oft wende ich mich mir selbst im Alltag bewusst zu?
- Was hindert mich daran, mir regelmäßig Raum für Selbstzuwendung zu nehmen?
- Welche kleinen Rituale könnten mir helfen, mit mir in Kontakt zu bleiben?
- Wie spreche ich innerlich mit mir, wenn ich müde oder überfordert bin?
- Welche Formen von Selbstzuwendung fühlen sich für mich nährend und stimmig an?
- Wie kann ich mir selbst eine gute Begleitung sein, nicht nur in Krisen, sondern im Alltag?
- In welchen Momenten spüre ich, dass ich mich selbst aus dem Blick verliere – und was hilft mir, zurückzukehren?

Regelmäßige Selbstzuwendung ist ein kraftvoller Akt der Selbstachtung. Sie beginnt im Kleinen, im Alltag, in wiederkehrenden Momenten der inneren Verbindung. Sie bedeutet, dich selbst ernst zu nehmen, nicht nur als Professionist:in, sondern als Mensch. Wer sich regelmäßig selbst begegnet, stärkt nicht nur das eigene Wohlbefinden, sondern auch die Qualität der Begleitung anderer. Denn aus der Verbindung mit dir selbst wächst die Kraft, die du für deine Arbeit brauchst. Und aus dieser Kraft entsteht jene stille Präsenz, die andere Menschen berührt und trägt.

Humor, Leichtigkeit und kreative Selbstfürsorge

In der Welt der psychosozialen Arbeit begegnen uns täglich Geschichten von Schmerz, Verlust, Angst und Unsicherheit. Wir hören zu, halten aus, bieten Halt und Orientierung. In dieser dichten Atmosphäre aus Empathie, Verantwortung und Ernsthaftigkeit kann leicht vergessen werden, dass auch das Lachen, das Spielen und die kleinen Alltagsfreuden ein wichtiger Bestandteil unseres professionellen Daseins sind. Nicht als oberflächliche Ablenkung oder als Flucht vor dem Ernst der Lage, sondern als Quelle innerer Kraft, psychischer Stabilität und emotionaler Regeneration.

Humor hat in der psychosozialen Praxis lange ein ambivalentes Dasein geführt. Einerseits gilt er als potenziell entlastend, andererseits wird er oft als unprofessionell, unangemessen oder gar respektlos wahrgenommen. Dabei zeigt die Forschung deutlich, dass Humor eine wichtige Ressource für Resilienz ist. Er erlaubt es, Abstand zu gewinnen, Perspektiven zu wechseln und Spannungen zu lösen. Ein herzliches Lachen kann die Ausschüttung von Stresshormonen senken, das Immunsystem stärken und das Gefühl sozialer Verbundenheit fördern. Vor allem aber erinnert uns Humor daran, dass das Leben nicht nur aus Schwere besteht.

Leichtigkeit ist nicht gleichzusetzen mit Oberflächlichkeit. Vielmehr beschreibt sie eine Haltung, die offen ist für das Unperfekte, das Spontane, das Lebendige. Eine Haltung, die nicht in jedem Moment die maximale Kontrolle sucht, sondern Raum lässt für das, was entstehen darf. In der Beratungspraxis kann diese Haltung enorm entlastend sein, sowohl für dich als Fachperson als auch für die Menschen, die du begleitest. Leichtigkeit bedeutet, Spannungen nicht zu ignorieren, sondern ihnen mit Weichheit zu begegnen. Sie schafft einen Rahmen, in dem Entwicklung möglich wird, ohne dass der Druck zu funktionieren übermächtig wird.

Kreative Selbstfürsorge schließt hier unmittelbar an. Sie ist ein Ausdruck gelebter Leichtigkeit. Wenn du malst, singst, tanzt, schreibst, gärtnert oder etwas baust, dann trittst du in eine Verbindung mit deinem schöpferischen Potenzial. Du bist nicht mehr nur reaktiv auf die Anforderungen des Alltags, sondern aktiv gestaltend. Das stärkt dein Selbstwirksamkeitserleben und gibt dir ein Gefühl von Autonomie. Kreativität verbindet dich mit dir selbst auf eine Weise, die Worte manchmal nicht erreichen. Gerade wenn du täglich in verbalen Prozessen arbeitest, kann das Ausdrücken durch Farben, Klänge oder Bewegung eine wohltuende Erweiterung deines inneren Raums sein.

Es lohnt sich, der eigenen kreativen Sprache nachzuspüren. Was hat dir als Kind Freude gemacht? Wobei hast du die Zeit vergessen? Welche Tätigkeiten lassen dich heute lächeln, auch wenn du erschöpft bist? Oft sind es keine großen Unternehmungen, sondern kleine, alltägliche Impulse. Ein spontanes Kritzeln am Rand des Notizbuchs. Ein Lied, das du laut mitsingst, obwohl du den Text nicht ganz kannst. Ein Tanz durch die Küche. Diese scheinbar nebensächlichen Momente sind keine Zeitverschwendung. Sie sind kleine Selbstfürsorgeakte, die deine seelische Gesundheit stärken und deine emotionale Präsenz erhalten.

Besonders in belasteten Arbeitsfeldern ist es wichtig, Humor und Leichtigkeit bewusst zu kultivieren. Sie stellen sich nicht einfach von selbst ein, sondern brauchen Erlaubnis und Pflege. Es beginnt damit, sich selbst das Lachen nicht zu verbieten. Nicht jede Situation ist heiter, aber in fast jeder Situation findet sich ein Funke Menschlichkeit, über den gelächelt werden darf. Manchmal entsteht Humor aus der schieren Absurdität des Lebens. Manchmal aus einem Versprecher. Manchmal aus einem liebevollen Blick auf die eigenen Schrullen. Wenn du dir erlaubst, über dich selbst zu lachen, ohne dich abzuwerten, entsteht ein wertvoller Raum innerer Freiheit.

Ein achtsamer Umgang mit Humor bedeutet auch, sensibel für den Kontext zu bleiben. Humor darf niemals auf Kosten anderer gehen, nicht verletzen, nicht ausschließen. Doch wenn er verbindend, öffnend und entlastend wirkt, ist er ein Geschenk. Gerade in Teams kann Humor zur Ressource werden, die Nähe schafft, Spannungen löst und den Arbeitsalltag mit Wärme erfüllt. Ein gemeinsames Lachen in der Pause, ein liebevoller Insiderwitz, ein humorvoller Blick auf herausfordernde Situationen kann eine Atmosphäre von Solidarität und Lebendigkeit schaffen, die sich direkt auf das Wohlbefinden aller Beteiligten auswirkt.

Auch im Kontakt mit Klient:innen kann Humor eine Brücke sein. Natürlich braucht es Fingerspitzengefühl und ein sicheres Gespür dafür, wann und wie Humor angebracht ist. Doch viele Menschen empfinden es als wohltuend, wenn nicht jede Sitzung von Schwere geprägt ist. Ein gemeinsames Lächeln über eine absurde Situation, ein leiser, augenzwinkernder Kommentar, eine kleine

Geschichte mit einem überraschenden Ende – all das kann helfen, die Beziehung zu vertiefen und emotionale Entlastung zu schaffen. Humor zeigt, dass wir mehr sind als unsere Probleme. Dass auch in dunklen Zeiten ein Licht aufflackern kann.

Die Integration von Humor, Leichtigkeit und kreativer Selbstfürsorge in den Berufsalltag erfordert manchmal ein bewusstes Gegensteuern gegen tief verankerte Muster. Viele Fachpersonen haben gelernt, dass Seriosität gleichbedeutend mit Professionalität sei. Doch Ernsthaftigkeit und Leichtigkeit schließen sich nicht aus. Sie ergänzen sich. Es geht nicht darum, sich lächerlich zu machen oder die Tiefe der Arbeit zu verharmlosen. Es geht darum, das Menschliche nicht aus den Augen zu verlieren. Und das Menschliche ist nun mal auch voller Widersprüche, voller Komik, voller überraschender Wendungen.

Ein hilfreicher Einstieg kann sein, humorvolle oder kreative Rituale in den Alltag zu integrieren. Vielleicht beginnst du den Arbeitstag mit einem Lieblingslied. Vielleicht schreibst du dir absichtlich absurde To-do-Punkte auf eine Liste. Vielleicht führst du ein Skizzenbuch, in dem du ganz ohne Anspruch kritzelst, was dir in den Sinn kommt. Vielleicht gibst du deinen Pflanzen lustige Namen. Oder du legst dir ein Repertoire an kleinen Spielen und Spielereien zu, die du in Pausen nutzen kannst, um dich wieder mit dem Leichten in dir zu verbinden.

Manche Menschen finden kreative Selbstfürsorge auch in der Natur. Das Fotografieren von Lichtstimmungen, das Sammeln schöner Steine, das Barfußgehen über eine Wiese. Es geht nicht darum, ständig kreativ zu sein, sondern darum, einen Zugang zu finden, der dich nährt. Kreativität ist keine Leistung, sondern ein Ausdruck deines Lebendigseins. Sie zeigt sich nicht nur im Künstlerischen, sondern auch im Kochen, im Gestalten deines Arbeitsplatzes, in der Art, wie du deinen Alltag organisierst. Sie ist ein Mittel, um dich selbst zu spüren und dich aus der reinen Funktionalität herauszulösen.

Leichtigkeit bedeutet auch, sich selbst nicht zu ernst zu nehmen. Das ist oft schwerer, als es klingt. Gerade Menschen, die viel Verantwortung tragen, erleben oft einen inneren Druck, alles richtig machen zu müssen. Doch dieser Druck ist auf Dauer lähmend. Wenn du dich darin übst, auch mal über dich selbst zu schmunzeln, kleine Fehler mit Humor zu nehmen und die eigene Unvollkommenheit liebevoll zu betrachten, dann schaffst du Raum für Entwicklung. Du bleibst in Bewegung, statt dich im Perfektionsanspruch zu verkrampfen.

Diese Haltung kannst du auch in deine Kommunikation einfließen lassen. Eine humorvolle Bemerkung im Gespräch mit Kolleg:innen, ein Augenzwinkern in der E-Mail, ein fröhliches Emoji in der Nachricht – all das sind Möglichkeiten, emotionale Nähe zu schaffen, ohne den professionellen Rahmen zu verlassen. Humor wirkt verbindend, weil er uns daran erinnert, dass wir alle Menschen sind. Er macht Beziehungen wärmer, Gespräche lebendiger und Zusammenarbeit freudvoller.

Gerade in Zeiten von Belastung und Überforderung wird deutlich, wie wichtig die kleinen Lichtblicke sind. Sie geben dir nicht nur Kraft, sondern auch Orientierung. Sie erinnern dich daran, warum du diesen Beruf gewählt hast.

Sie führen dich zurück zu deiner inneren Quelle, zu deinem eigenen Sinn. Und sie helfen dir, auch dann weiterzugehen, wenn der Weg beschwerlich ist. Denn wer lachen kann, ist nicht machtlos. Wer spielt, bleibt beweglich. Wer sich selbst kreative Räume öffnet, verliert sich nicht im Funktionieren.

Vielleicht magst du dir heute eine kleine Challenge setzen: Einen Moment ganz bewusst Leichtigkeit zulassen. Vielleicht eine lustige Geschichte erzählen. Ein Bild malen, das völlig sinnfrei ist. Ein Lieblingslied hören und laut mitsingen. Ein Spiel spielen, das dich zum Lachen bringt. Oder einfach jemandem ein Lächeln schenken. Nicht, weil du musst. Sondern weil du darfst. Weil du es dir wert bist. Und weil dein Lächeln mehr verändert, als du vielleicht denkst.

Reflexionsfragen:

- In welchen Situationen fällt es mir schwer, Humor zuzulassen, und warum?
- Welche kleinen Alltagsfreuden nähren mich, und wie kann ich ihnen mehr Raum geben?
- Was hat mir früher Freude gemacht, das ich heute wieder aufgreifen könnte?
- Wie kann ich kreative Ausdrucksformen in meinen Alltag integrieren?
- Wo nehme ich mich selbst zu ernst, und wie könnte ich das mit Leichtigkeit betrachten?
- Welche Rituale könnten mir helfen, Leichtigkeit bewusst zu kultivieren?

- Wie wirkt sich Humor auf meine Beziehungen im Team oder mit Klient:innen aus?

Humor, Leichtigkeit und kreative Selbstfürsorge sind keine Luxusgüter, sondern elementare Ressourcen für psychische Gesundheit und berufliche Stabilität. Sie stärken deine Resilienz, fördern dein Wohlbefinden und helfen dir, in der Tiefe berührbar zu bleiben, ohne dich zu verlieren. Sie erinnern dich daran, dass du nicht nur Berater:in bist, sondern auch Mensch. Ein Mensch, der lachen darf, spielen darf, Freude empfinden darf. Wenn du dieser Seite in dir Raum gibst, wirst du nicht nur gesünder arbeiten, sondern auch erfüllter leben.

Wenn die Selbstfürsorge scheitert
Rückfall in alte Muster

Selbstfürsorge klingt oft so einfach, auch in diesem Buch liest du immer wieder: Pausen machen. Grenzen setzen. Auf sich achten. Doch in der Praxis ist es manchmal genau das Gegenteil. Du hast dir vielleicht feste Zeiten eingeplant, um zur Ruhe zu kommen, gesunde Routinen entwickelt, dir selbst versprochen, auf Warnzeichen zu hören. Und trotzdem findest du dich plötzlich wieder in alten Mustern. Du arbeitest zu lange. Du sagst zu allem Ja. Du übergehst deine eigenen Bedürfnisse. Und danach kommen sie: die Schuldgefühle, die Selbstvorwürfe, der leise Perfektionismus, der dich fragt, warum du es schon wieder nicht geschafft hast.

Es ist ein verbreiteter Irrtum, dass Selbstfürsorge immer gelingt, wenn man sie nur ernst genug nimmt. In Wahrheit ist sie ein Weg, keiner, der schnurgerade verläuft, sondern einer mit Kurven, Umwegen und Rückfällen. Und genau diese Rückschritte verdienen einen ehrlichen Blick. Denn sie sind kein Zeichen von Versagen, sondern von Menschlichkeit. In einem Alltag voller Anforderungen, Erwartungen und Zeitdruck ist es normal, sich manchmal selbst zu verlieren. Wichtig ist nicht, immer perfekt zu funktionieren, sondern sich immer wieder neu auszurichten.

Ein Rückfall in alte Muster passiert oft schleichend. Du merkst es vielleicht erst, wenn dein Körper Alarm schlägt. Oder wenn du merkst, dass du gereizt reagierst, dich innerlich leer fühlst oder die Freude an der Arbeit verlierst.

In diesen Momenten hilft es wenig, sich innerlich abzuwerten. Viel hilfreicher ist es, innezuhalten, hinzuschauen und sich mit Mitgefühl zu begegnen. Statt „Ich habe es nicht geschafft" darf auch stehen: „Ich habe es eine Zeitlang geschafft, und jetzt brauche ich einen neuen Anlauf."

Ein zentraler Faktor dabei ist Perfektionismus. Er zeigt sich nicht nur in überhöhten Ansprüchen an die eigene Leistung, sondern auch in der Erwartung, Selbstfürsorge müsse lückenlos, diszipliniert und dauerhaft gelingen. Doch genau dieser Anspruch untergräbt das Prinzip der Selbstfürsorge. Denn sie soll dich entlasten, nicht zusätzlich belasten. Sie ist keine To-do-Liste, die du abhaken musst, sondern eine Haltung dir selbst gegenüber. Und diese Haltung darf auch Raum für Schwäche lassen.

Rückschläge können auch Hinweise sein. Vielleicht hast du dir zu viel auf einmal vorgenommen. Vielleicht hat sich dein Alltag verändert, und die alten Strategien passen nicht mehr. Vielleicht warst du zu sehr im Außen orientiert, an Erwartungen, Idealen, an dem, was andere vermeintlich besser machen. Sich selbst zuzuhören bedeutet auch, ehrlich hinzuschauen: Was brauche ich jetzt, nicht gestern? Was funktioniert für mich unter den aktuellen Bedingungen, nicht unter Idealvoraussetzungen?

Manchmal braucht es auch Menschen, die dich liebevoll an deine eigenen Bedürfnisse erinnern. Ein Gespräch mit einer Kolleg:in, ein Feedback im Supervisionssetting, ein ehrlicher Austausch kann helfen, blinde Flecken sichtbar zu machen. Denn du musst nicht alles allein schaffen. Auch das ist Teil gelingender Selbstfürsorge: Unterstützung annehmen zu dürfen.

Vielleicht kennst du auch das Gefühl, dich für dein Scheitern rechtfertigen zu müssen, gegenüber dir selbst oder gegenüber anderen. Doch wer sagt eigentlich, dass ein Rückfall ein Versagen ist? Rückschritte gehören zu jeder Veränderung. Sie zeigen, dass du unterwegs bist. Dass du dich bewegst. Dass du nicht stehen bleibst. Und dass du lernst. Lernen geschieht nicht durch fehlerfreie Abläufe, sondern durch Erfahrung, Wiederholung und Korrektur.

Deshalb lohnt es sich, Rückschläge nicht zu dramatisieren, sondern als Teil deiner Entwicklung zu begreifen. Du darfst müde sein. Du darfst scheitern. Du darfst es morgen anders machen. Der entscheidende Schritt ist nicht das perfekte Durchhalten, sondern das regelmäßige Zurückkommen zu dir selbst. Selbstfürsorge bedeutet auch: dir zu erlauben, unvollkommen zu sein.

Vielleicht ist es sogar genau das, was Selbstfürsorge so wertvoll macht: Dass sie nicht an Idealbilder gebunden ist, sondern mitten im echten Leben stattfindet, mit seinen Brüchen, Widersprüchen und täglichen Herausforderungen. Je mehr du lernst, dir auch im Scheitern freundlich zu begegnen, desto stabiler wird deine innere Haltung.

Manchmal hilft es, das Scheitern bewusst zu entdramatisieren. Du bist nicht die einzige Person, die sich Ziele setzt und sie nicht erreicht. Du bist nicht allein mit dem Gefühl, zu wenig zu schaffen oder nicht genug zu sein. Gerade in helfenden Berufen wird oft stillschweigend vorausgesetzt, dass man stark, belastbar und stets in der Lage sein sollte, sich selbst gut zu regulieren. Doch diese Erwartung ist nicht realistisch. Und sie tut niemandem gut.

Selbstfürsorge darf scheitern, weil sie nicht an Leistung gekoppelt ist. Sie lebt von der Haltung der Zuwendung. Diese Haltung lässt sich kultivieren, auch wenn du strauchelst. Vielleicht sogar besonders dann. Wenn du es schaffst, dir in den Momenten, in denen du deine eigenen Maßstäbe nicht erfüllst, liebevoll zu begegnen, dann stärkst du deine Resilienz auf tiefer Ebene.

Ein hilfreiches Bild ist das des inneren Kompasses. Auch wenn du vom Weg abkommst, kannst du immer wieder neu ausrichten. Dein Ziel ist nicht Perfektion, sondern Verbindung. Verbindung zu dir selbst, zu dem, was dir wichtig ist, zu deinen Bedürfnissen. Und genau diese Verbindung kannst du immer wieder herstellen. Du brauchst dafür keine ideale Umgebung, keinen perfekten Plan. Du brauchst nur den Willen, dich dir selbst wieder zuzuwenden.

Selbstfürsorge bedeutet in letzter Konsequenz, dich so anzunehmen, wie du bist – mit deiner Kraft und deiner Müdigkeit, mit deinen guten Absichten und deinen Rückfällen. Es bedeutet, dich nicht aufzugeben, selbst wenn du dich enttäuscht hast. Es bedeutet, dir zu erlauben, unvollkommen weiterzugehen.

Reflexionsfragen

- In welchen Situationen fällt es dir besonders schwer, gut für dich zu sorgen?
- Welche alten Muster tauchen bei dir auf, wenn du unter Druck gerätst?
- Wie gehst du innerlich mit Rückschlägen um? Bist du eher selbstkritisch oder mitfühlend?
- Welche äußeren Einflüsse erschweren dir die Selbstfürsorge aktuell?
- Was hilft dir, nach einem Rückfall wieder in deine Kraft zu kommen?
- Welche neuen Strategien möchtest du ausprobieren, um besser auf dich achten zu können?
- Wer oder was erinnert dich daran, dass du nicht perfekt sein musst?
- Wie könntest du deine Selbstfürsorge so gestalten, dass sie flexibler mit deinem Alltag mitgeht?
- Was könntest du konkret tun, um dich in Rückschlagsmomenten selbst zu unterstützen?
- Welche Form der Selbstannahme möchtest du weiterentwickeln?

Selbstfürsorge ist kein perfektes System, sondern ein lebendiger Prozess. Rückfälle in alte Muster sind kein Zeichen von Schwäche, sondern von Realität. Gerade in stressigen Zeiten zeigt sich, wie sehr wir auf unsere inneren Ressourcen angewiesen sind. Perfektionismus, Schuldgefühle und Überforderung können die Fürsorge für uns selbst erschweren, aber sie müssen nicht das letzte Wort haben. Entscheidend ist, immer wieder neu anzufangen, sich ehrlich zuzuhören und Mitgefühl mit sich selbst zu entwickeln. Selbstfürsorge darf scheitern, solange du dir erlaubst, es morgen wieder zu versuchen. Je ehrlicher, realistischer und freundlicher du mit dir selbst bist, desto stabiler wird deine Fähigkeit, in Verbindung mit dir zu bleiben – auch dann, wenn es schwierig ist.